KB153178

줌마가 세상을 바꾼다

성공하는 여성의 특별한 리더십

줌마가 세상을 바꾼다

초판 1쇄 인쇄일 2022년 5월 1일
초판 1쇄 발행일 2022년 5월 15일

지은이 최재영, 김영미, 김승연
펴낸이 양옥매
디자인 송다희
표지디자인 제이포더 디자인 오재란

펴낸곳 도서출판 책과나무
출판등록 제2012-000376
주소 서울특별시 마포구 방울내로 79 이노빌딩 302호
대표전화 02.372.1537 **팩스** 02.372.1538
이메일 booknamu2007@naver.com
홈페이지 www.booknamu.com
ISBN 979-11-6752-147-7 (03300)

성공하는 여성의 특별한 리더십

줌마가 세상을 바꾼다

최재영 · 김영미 · 김승연 지음

멋진 커리어우먼을 꿈꾸는 당신을 위한
위풍당당 '줌마 리더십' 성공의 기술

— ✦ —

줌마 리더십이 대세

사람들은 무슨 아줌마가 리더십이 있느냐고 물어본다. 하지만 내가 아는 아줌마들은 세상에 무서울 것도 없고 마음만 먹으면 못할 것이 없었다. 사람들은 자신이 행하지 못하는 것에 대해서 부러워할 뿐 아니라 오히려 상대방을 깎아내리고 무시하는 경향이 있다. 내 주변의 줌마를 대상으로 연구한 결과, 그분들에게는 분명 남자들이 따르지 못할 리더십이 있었다.

21세기 하루가 다르게 급변하는 사회 속에서 살아남기 위한 경쟁은 나날이 치열해지고 있으며, 그 속에서 줌마들의 사회활동이 활발하게 이루어지고 있다. 과거에 여자는 결혼을 하면 집안일과 육아에 전념할 것을 강요받았지만 지금의 사회는 남성 위주의 카리스마 리더십이 각광받던 경제 구조와는 다르게 기술의 급격한 성장과 정보 확산으로 새로운 산업 구조가 생성되고 있으며, 사람들의 가치관에도 큰 변화가 일어났다.

이제는 더 이상 전통적인 규범과 관습으로는 새로운 시대를 이끌지 못하게 되었다. 그뿐 아니라 협업해야 하는 새로운 시대에서 독단적인 리더십으로는 조직원들의 마음을 얻지 못하게 되었고, 생산성을 높이는 데도 새로운 리더십이 필요해졌다.

이에 따라 조직을 변화시키는 데 남성 위주의 카리스마 리더십보다는 감성적 유연성과 부드러운 리더십으로 사람과 조직을 움직이는 데 탁월한 능력을 발휘하는 줌마들의 활동이 주목을 받고 있다. 여성 특유의 섬세함과 소통 능력은 남성을 우선시하는 과거와는 달리 시대의 흐름에 따라 새로이 작용하기 때문이다.

그동안 우리나라의 권위주의적이고 가부장적인 문화로 인해 능력 있는 여성들의 사회 진출을 가로막는 것들이 너무나 많았다. 그러나 현재는 결혼을 하고도 활기차게 자신의 일을 갖고 경제적 활동을 하는 여성 인구의 증가와 더

줌마가 세상을 바꾼다

불어 공직에 여성의 합격률도 50퍼센트를 넘는 추세이다.

유능한 여성 CEO, 여성 국회의원, 여성 대통령을 어렵지 않게 찾아볼 수 있다. 이는 타인을 배려하고 감성과 개방적 마인드를 장점으로 한 여성들의 부드러운 리더십이 필요하다는 증거이다. 그러나 여성이 세계 인구의 절반을 차지하고 있는 것에 비해 아직은 여성 리더가 턱없이 부족한 실정이다.

그럼에도 여성의 경제활동 참가율이 꾸준하게 증가하고 있으며 대졸 이상의 여성 인력 증가로 전문직에도 여성 진출이 확대되고 있다. 그러나 아직까지 우리나라의 기업 내 과장급 이상 여성 관리자와 임원급 비율은 극히 저조한 수준이다.

2019년 영국의 이코노미스트(Economist)가 발표한 OECD 국가의 유리천장지수(glass ceiling index)[1]에 따르면, OECD

---

[1] 기업을 포함한 사회 각 분야에서 여성의 고위직 진출을 막는 보이지 않는 장벽. 세계적으로 나타나는 현상이며, 과거부터 대놓고 또는 은근 존재해 왔던 차별이 그 원인이다. 한국은 2017년 영국이 발표한 '유리천장지수'에서 OECD 회원국 중 최하위를 기록한 바 있으며, 특히 여성 고위직과 사내이사진 등에서 여성의 비율이 현저하게 낮은 것으로 드러났다. 이는 아시아 중에서도 낮은 편에 속하고, 비슷한 맥락으로 여성이 남성보다 고등 교육을 받은 비율이나 경제활동에 참여하는 비율 역시 낮았다. 정부에서도 여성은 절반 이하의 비중을 차지하고 있으며, 이에 한국은 2009년부터 국가성평등지수를 공표하고 관련 정책을 마련하고 있다. (출처: 다음백과)

국가의 여성 임원 비율은 평균 22.9%, 여성 관리직 비율은 평균 31.9%인 데 비해 한국은 여성 임원 비율이 2.3%, 여성 관리직 비율이 12.5%로서 현격한 차이를 보이고 있다.

그 이유는 여성에게 양육에 대한 책임이 편중되는 사회적 분위기로 인하여 일−가족 양립의 어려움에 노출되면서 직업 세계에서의 참여가 제한되고 있기 때문이다. 또한 법이나 제도와 같은 눈에 띄는 장벽은 줄어들었지만 사회문화적 관습이나 편견 등 눈에 띄지 않는 장벽은 아직도 여전해서 여성이 기업 내 리더로 성장하기 어려운 실정이다.

여성 인재 활용이 국가적으로도 중요한 만큼, 조직 내 여성 리더를 육성하는 것은 여성 개인은 물론 기업과 사회적으로도 중요한 과제이다. 정보화 사회로 인해 기존 대량 생산체제의 남성적 위계적 조직과 리더십으로는 경쟁력을 확보하는 데 한계가 있음을 깨닫고 기업 인사 담당자들도 조직 내 여성의 성공적인 경력 개발과 여성 리더 육성의 중요성을 인식하기 시작했다.

또한 글로벌 시장 환경에서 복잡한 문제를 빠르게 해결하기 위해 프로젝트와 태스크(task) 중심의 수평적 조직 구조로 변화를 시도함에 따라, 기존의 남성적 리더십에 대한 대안으로 수평적 커뮤니케이션과 배려와 관계를 중시하는 여성적 리더십에 대한 관심이 높아지고 있다.

그동안 여성 리더십은 주로 여성 리더의 개인적 특성에 초점을 맞추어 왔다. 여성 리더 스스로 자기 주도적이고 도전적인 성취 지향적 능력을 통해 남성 중심의 조직 문화 속에서 여성이 처한 환경을 극복하고 성공할 수 있는 특성에 대해 주로 관심을 가져왔다. 이러한 관점은 리더십에 있어서 남자와 여자의 환경적·구조적 차이를 인정하지 않은 데서 비롯된 것이다.

그러나 현실은 이와 같지 않다. 기업 내 남성 중심적 근무 환경과 인사 관리 시스템은 남성에게 더 호의적이므로 남성의 고위직 승진에 더 유리할 수밖에 없다. 이러한 시스템은 여성에게 있어 자신감이 위축되고 경력 성공에 대한 열망을 낮추는 역기능으로 작용하였던 것이다.

남성 중심적 문화가 강한 조직에서는 리더십에 대한 정형화된 경향이 강하며, 성 역할 기대에 따른 편견도 강하게 작용한다. 이처럼 남성 중심의 기업 문화는 다양성을 수용하기 어렵게 만들고 여성을 소외시킨다. 조직의 규모가 클수록, 또 위계화될수록, 그리고 보수적인 조직일수록 여성의 고위직 진출 장벽은 더욱 심해진다. 조직 내 남

녀 네트워크의 차이도 여성의 승진이나 보상 등에 영향을
미친다.

현대 경영학의 창시자 피터 드러커(Peter Ferdinand
Drucker)는 21세기를 '여성의 세기'로 단언했다. 그는 열정
적으로 사회에서 활동하는 여성들이 세계 곳곳에 있으며
앞으로 더 많은 여성들이 사회 활동에 참여하게 될 것이라
고 하였다. 여성들은 정치, 경영, 경제, 문화 등의 많은
분야에서 활약하고 있으며 전과 다르게 활약이 눈에 띄게
많아질 것이다.

그들이 결혼 후 줌마로서 성장하게 된 배경에는 사회 곳
곳에서 요구하고 있는 '여성만의 특별한 리더십'을 가지고
있다는 데 있다. 여성 중에서도 특히 줌마들은 개인 간의
관계와 상대방에 대한 배려를 중요시 여긴다는 점에서 남
성 리더십과는 확연히 차이가 있다.

특히 지식 정보화 사회에서 조직이 민주적이고 자율적
인 환경으로 변함에 따라 예술성, 감성, 창조성과 같은 여
성적 특성이 줌마들의 사회적 참여를 가능하게 하고 있다.
시대의 변화는 줌마들의 사회활동 범위를 넓히고, 이해력
과 설득력을 바탕으로 한 원만한 인간관계와 협동적이고

줌마가 세상을 바꾼다

창의적인 리더십에 의한 관리 능력까지 인정받고 있다.

오랜 시간 가사와 양육에 전념하다가 빈 둥지처럼 허해졌는가? 치열한 경쟁에서 승리하여 입사한 직장에서 공공연하게 "여직원이니까"라는 말을 들으며 한숨짓고 있는가? 이제 세상의 리더로 당당하게 걸어가 보자!

2022년 5월

최재영, 김영미, 김승연

1부

"여성은 직감을 뒷받침할 만한 근거를 찾아내는 데
자신의 지성을 사용한다."

• **길버트 체스터튼(Gilbert Keith Chesterton)**

여성
리더십의
이해

여성 리더십이
세상을 바꾼다

"리더십은
자신을 따르는 사람을 모을 수 있는 능력이다."
– 제임스 조지스(James George)

리더십이란?

무리를 다스리거나 이끌어 가는 지도자가 두 사람 이상
이 상호 작용하는 과정에서 나타나는 능력을 말한다. 리더
십(leadership)을 번역하면 '지도자의 지도력, 역할, 지도 과
정, 지휘력, 지도 정신' 등으로 표현할 수 있겠다.

리더십에 대한 연구는 사회과학 분야에서 행동과학의 주
제로, 가장 역사가 오래된 연구 분야이며, 피터 드러커가
리더십이 대유행이라고 말할 정도로 다양한 분야에서 광범
위하게 이루어졌다. 조직의 목표 달성을 위하여 자극을 불

어넣어 주는 리더의 정서적 행동까지 포함한 모든 활동을 의미하는 것으로 볼 수 있다.

여성은 타인의 의도라든지 감정을 이해하는 데 있어서 유리한 사회적 행동 특성을 갖고 있다. 이 때문에 여성은 의사결정 과정에서 조직 구성원의 의견을 수렴하고 평가하는 데 있어서 제안자의 감정을 상하게 하지 않고 협동적 분위기에서 할 수 있다.

남성과 여성의 차이를 좀 더 살펴보면, 흔히 여성은 언어적 능력이 뛰어난 반면, 남성은 수학이나 공간지각 능력에서 뛰어나다고 한다. 또한 남성은 공격성, 독립성, 결단성이 강한 성취 지향적인 특성을 가지지만, 여성은 친절, 도움, 동정심 및 타인에 대한 높은 관심을 기반으로 관계 지향적인 특성을 갖는 것으로 인식되고 있다.

모든 사람은 누군가에게 영향을 준다

사회학자들은 한 사람이 일생 동안 만여 명의 사람들에게 영향을 끼친다고 말한다. 다른 사람들에게 영향력을 끼치는 존재인 동시에 또한 그들로부터 영향을 받고 있다.

이러한 사실은 우리 모두가 다른 사람들을 지도하는 동시에 지도를 받고 있다는 의미이다.

인간은 누군가의 지도자이거나 피지도자다. 지도자로서 잠재력을 깨닫느냐 아니냐는 나에게 달려 있다. 어떤 상황에서 어떤 그룹의 사람들을 대하든지 거기에는 항상 탁월한 영향력을 끼치는 인물이 있게 마련이다. 그러나 그런 인물도 다른 사람들이나 다른 환경을 접할 때 영향력 있는 타인에 의해 변화할 수 있다.

마찬가지로 늘 누군가에 의해 영향을 받던 이도 다른 환경을 접할 때 타인을 변화시키는 영향력 있는 인물이 될 수 있다. 어머니는 자녀가 무엇을 먹고 입을 것인지를 선택한다. 그러나 일단 학교 일과가 시작되면 상황은 달라진다. 그때까지 어머니로부터 영향을 받던 아이가 이제 다른 친구들에게 영향력을 행사하는 사람으로 바뀔 수 있다.

탁월한 영향을 끼치는 사람은 눈에 띈다

사람들이 모일 때나 어떤 문제를 해결하고자 할 때, 누구의 견해가 가장 바람직하게 느껴지는가? 문제를 가지고 토론할 때 사람들이 누구를 가장 많이 주목하는가? 사람들에게 신속한 동의를 얻어 내는 사람이 누구인가? 가장 중요한 사항에서는 누구를 따르는가? 이 같은 몇 가지 질문에 대답해 보면 당신은 그 모임에서 과연 누가 진정한 지도자인지를 알 수 있다.

우리는 자신도 모르는 사이에
누군가에게 영향을 받기도 하고 주기도 한다

어느 일들은 우리의 삶 속에서 기억되어 흔적을 남기기도 한다. 어릴 적 기억이 나는가? 내 인생에서 전환점이 되었던 일도 있을 것이고, 가득한 슬픔으로 남은 일도 있을 것이다. 이런 일들은 인생에서 영향을 준 사건들이 될 수도 있다. 이번 기회에 영향을 끼친 사건과 사람에 대해 생각해 보자.

인생이란 알게 모르게 나에게 영향을 준 사람들에 의해 변화되었다. 나의 성장을 도와주었고 잘못된 것은 지적해 주었으며 지금의 나를 있게 해 주었다. 이렇듯 우리 모두는 누군가에게 영향을 받기도 하고 또 주기도 하며 살아가

고 있다. 타인의 삶에 좋은 기억을 남기기도 하고 상처와
해를 끼치기도 한다.

최선의 투자는 미래에 대한 영향력이다

나는 남들에게 어떤 종류의 영향을 주는 사람인가? 학교
에서 혹은 조직에서 나를 만나 온 사람들을 떠올려 본다.
리더십을 익혀 타인을 이끌고 있는가? 리더십을 행사할 기
회는 있는가? 스스로에게 자문해 본다.

선한 영향력은 또 하나의 기술이다

어느 날 미국의 34대 대통령 아이젠하워(Dwight David
Eisenhower)에게 친구가 물었다. "도대체 리더십이 무엇인
가?" 아이젠하워는 줄을 가져오라고 하더니 친구에게 뒤에
서 밀어 보라고 하였다. 줄은 꼬불꼬불해졌다. 이번에는
앞에서 당겨 보라고 했다. 이것을 같이 지켜본 아이젠하워
는 "이보게 친구! 진정한 리더십은 뒤에서 미는 것이 아니

라 앞에서 당기는 것일세."라고 말했다. 리더십을 단적으로 말해 주는 재미있는 일화이다.

나는 리더십은 사람을 움직이게 하는 힘이라고 말하고 싶다. 리더십은 특별한 사람들만이 가지는 전유물이 절대 아니다. 리더십은 후천적으로 습득되는 것이다. 줌마 리더가 되려고 열망한다면 당신도 충분히 그렇게 될 수 있다.

성과
리더십 이론

이제까지의 리더십 관련 논의들은 주로 남성 리더를 대상으로 남성의 경험과 특성에 기반하여 이루어졌지만, 이에 대한 대안으로서 성별을 고려한 리더십 이론들이 출현하게 되었다. 이러한 성 역할에 대해 인간 행동의 사회화 과정에서 심리학, 사회학, 인류학 등에서 여성학의 발전과 더불어 다양한 관심을 가졌다.

남성적이며 가부장적인 전통적 리더십의 비효율성이 드러나면서, 그에 대한 불만과 대안으로서 여성 리더십에 대한 관심이 증대되며 주목받게 된 것이다. 그렇다면 리더십에 대한 이론으로는 크게 어떠한 것들이 있을까?

특성이론

어떤 특성을 갖는 사람이 리더가 되는가의 문제는 인간의 문명화와 더불어 오랜 과제였다. '리더십'에 대해 습관적으로 내세우게 되는 것이 리더의 특성 및 자질이다. 리더는 만들어지는 것이 아니라 타고난다는 것이다.

특성이론은 리더에 대해 선천적으로 타고나는 개인적인 결정론적 가정에 근거를 두고, 성공적 리더의 특성에 관심을 가진 이론이다. 따라서 뛰어난 리더는 남보다 나은 개인적인 특성을 지닌다는 전제하에, 그 특성이 타인과 구별되는 리더십을 결정하는 요인이라고 하였다. 특성이론을 주장하는 학자들은 리더십의 초점을 개인에 두고 리더의 심리적·신체적 제반 특징을 리더의 자질로 설명하였다.

행동이론

20세기 중반을 전후한 시기는 인간의 행동과 관련된 학문 분야의 전반에 걸쳐 행동주의가 각광을 받는 시기였다. 행동이론의 핵심은 철저한 과학적 방법론의 바탕 위에서 인간에 관한 연구를 하는 것으로, 직접적 관찰이나 측정이 불가능한 성격이나 태도와 같은 내적 특성을 대상으로 철저하게 과학적인 연구가 될 수 없고, 직접적 관찰이나 측정이 가능한 외형 행동만을 연구 대상으로 삼아야 한다는 것이다.

행동이론은 리더의 개인적인 특성보다는 외부로 나타나는 리더의 형태를 관찰하는 행태론적 접근(Behavioral Leadership Approach)을 취하면서, 리더들이 실제로 직무를 수행함에 있어 어떤 행동을 하는지, 그리고 그들의 행동과 관리적 유효성 간에는 어떠한 관련성이 있는지를 파악하는 데 초점을 두고 있다.

훌륭한 리더의 행동이 무엇이며 그것이 부하의 업적 달성에 얼마나 관계가 있는가에 관한 행동이론의 연구는 리더십 유형을 전제적, 민주적, 자유방임적 유형으로 분류하여 민주적 지도자가 가장 창조적이며 솔선수범적인 집단을 만든다는 사실을 발견하였다. 일반적으로 배려는 인간관계를 중시하는 리더십 행동이고, 조직 주도는 과업 달성을 중시하는 리더십 행동으로 이해할 수 있다.

리더십 행동이론은 개인적 특성에서 보다 보편적인 범위로 전환하여 리더 행동의 유형이 과업 행동과 관계 행동으로 구성되어 있음을 밝혀냈다.

상황이론

상황이론은 작업 단위에서 수행되는 작업의 성격, 외부 환경의 성격과 같은 상황적 요인에 따라 리더의 능력이 결정된다는 이론이다. 리더십을 효과적으로 적용할 수 있는 조건들을 정확히 이해한다면, 불필요한 비용을 줄이고 사람에 대한 투자 효과를 극대화한다는 측면에서 매우 중요한 사항이다.

상황이론에 의하면, 효율적인 리더가 되기 위해서는 구성원들에게 그들이 원하는 목표를 제시함과 동시에 어떤 방법을 통해서 얻을 수 있는지에 대한 경로가 제시되어야 한다. 리더는 구성원의 경로-목표 관계를 명확하게 해 주고 그 달성 과정을 순조롭게 해 주는 기능, 즉 성과-보상의 강화 작용과 구성원들 간의 상호 관계 조성 등을 고려해야 한다고 볼 수 있다.

여성 리더십의
가치

여성적 리더십(feminine leadership)은 로덴(Loden, 1985)에 의해 처음 제시된 개념이다. 로덴은 오늘날의 구성원들은 팀 위주의 참여적 관리 구조를 선호하기 때문에, 위계적 구조와 권위적 의사 결정에 의존하는 전통적 리더십보다 팀 구조와 협동적 의사 결정을 특징으로 하는 여성적 리더십이 유용하다고 주장하였다.

여성 리더십을 포함하여 강조되고 있는 줌마 리더십은 현대 사회의 변화하는 조직에서 일과 가정을 병행하는 여성적 가치를 리더십에서 접목할 필요성이 있다고 보고, 다음과 같이 정리해 보았다.

협동적 성향

줌마 리더십의 가장 큰 장점은 다른 누구와도 함께한다는 협동적 성향이다. 가부장적 성향에서 나온 전통적 리더십에서는 뚜렷한 위계질서 속에서 경쟁을 통해 일의 효율성을 높이는 것을 중요시하였다. 그러나 세상이 다변화되어 감에 따라 경쟁보다는 협동을 중시하며, 조직 구조는 위계 조직 대신 수평으로 된 팀 중심으로 전환되었다.

따라서 권위주의적인 남성 중심의 리더십보다는 서로 협동하려는 여성 리더십이 조직을 이끄는 데 합리적이며, 문제 해결을 효과적으로 하는 것으로 나타났다. 실제 여러 연구를 종합해 보면 남성 리더들은 좀 더 권위주의적이고 지배적이라는 결과를 보이는 반면, 여성 리더는 남성 리더보다 조직 운영에 구성원들을 참여시키며 좀 더 민주주의적인 것으로 나타났다.

민주적인 성향

과거에는 보다 위계적이고 통제적인 관리 시스템이 필

요했기 때문에 리더는 주로 남성이어야 한다는 개념이 강했으며, 권위적이고 가부장적인 리더십을 부각시켜 왔다. 권위적인 리더십에서는 의사 결정 과정 없이 리더의 명령을 바로 수행해야 하는 상의하달식 체계였다.

그러나 급속한 사회 변화로 인해 경험과 지식보다는 보다 탄력적이고 민주적인 조직 운영을 중시하게 되었다. 특히 의사 결정 과정을 매우 중요시하는 오늘날에는 구성원의 의견을 민주적으로 수렴하고 객관적으로 평가하는 리더십이 필요하다. 여성들의 줌마 리더십은 남성보다 더 구성원들의 의견을 존중하고 받아들이는 수용 능력이 높은 편이다.

여성들의 줌마 리더십의 특징 중 하나는 리더의 기능을 한 사람이 모두 수행하는 것이 아니라, 구성원들 모두가 동등한 인격체로서 다양한 관계를 통해 조직의 목표를 확고히 달성해 나가는 것이다. 이런 측면에서 여성의 줌마 리더십은 민주적이고 인간적인 리더십이라고 할 수 있다. 조직을 통제하는 것이 아니라 구성원들의 의견을 존중하여 참여를 높이는 줌마 리더십은 상호 영향을 끼쳐 더욱 큰 위력을 발휘할 수 있다.

줌마가 세상을 바꾼다

관계적 성향

일반적으로 남성은 여성에 비해 자기중심적이며 독립적이고 지배적이며 적극적이라고 말하는 반면, 여성은 이타적이고, 친절하며, 이해심이 많다고 표현된다. 남성은 사회에서 과제 지향적이거나 형식적 관계를 많이 맺기 때문에 과제를 성공적으로 수행하는 것에 많은 관심을 보인다. 반면에 여성은 관계를 맺는 것이 남성보다는 수월하며, 관계 지향적이거나 정서적인 관계로 인해 대인 관계에 있어서 남성보다는 더 성공적일 수도 있다.

여성들 중에서도 줌마들은 특히나 관계를 중요시하기 때문에 구성원에 대한 배려심이 훨씬 강하게 나타난다. 이러한 특징으로 줌마들은 구성원들에게 친절하게 무엇이든 도움을 주려고 하며, 긍정적인 집단 정서를 만들기 위해 노력한다.

또한 줌마 리더는 남성 리더에 비해 조직 사회에서 얻는 스트레스를 스스로 잘 조절하며 대처 능력이 높다고 한다. 이는 스트레스를 받으면 사람들과 대화를 통해 해소하기 때문이다.

감성적 성향

전통적으로 리더는 이성적이며 냉철해야 한다는 관념이 강하였다. 그러나 여성, 특히 줌마들은 생물학적 특성상 남성에 비해 풍부한 감성을 지니고 있으며, 남성들보다는 마음이 넓고 따뜻한 편이다. 이러한 여성 특유의 따뜻한 감성은 통합적 사고, 심미적 관심, 감정이입 능력, 민주적인 사고방식 등을 뛰어나게 하기 때문에 구성원들의 창의적이고 자발적인 참여를 이끌어 낼 수 있는 리더십을 발휘한다.

줌마가 세상을 바꾼다

남성 리더십 vs
여성 리더십

리더십이라는 단어 자체가 남성들의 전유물이었다면, 이제는 여성들의 사회 진출이 늘어 가는 만큼 여성 리더십, 줌마 리더십도 요구되고 있다. 리더십의 유형에는 여러 가지가 있는데, 지금까지 나타난 리더십을 남성과 여성의 특성을 반영하여 남성형 리더십과 여성형 리더십으로 나누어 볼 수 있다.

남성들의 특징을 살린 리더십 유형에는 전제적 리더십, 파워 리더십, 슈퍼 리더십, 카리스마 리더십, 거래적 리더십, 변혁적 리더십 등이 있다. 이러한 리더십은 전근대적인 사회에서 빠르게 조직을 장악하고 목표를 향해 조직을 이끌어 가기 위해서 필요했던 리더십이다.

그리고 여성 리더십은 민주주의 리더십, 파트너 리더십, 서번트 리더십, 브랜드 리더십, 비전 리더십, 임파워링 리더십 등으로 분류했다. 세상의 변화 속도가 너무 빠르다 보니 소통도 중요시되고 있으므로 자연스럽게 강하고 빠른 남성 리더십보다는 섬세하고 부드러운 여성의 리더십, 즉 줌마 리더십이 조직에서 점차 각광받을 거라고 확신한다.

남성형 리더십의 유형

▶ 전제적 리더십

전제적 리더십은 독일의 히틀러와 같이 지배자로 군림하기 위해, 질문을 금지시키고, 실수를 용납하지 않으며, 핵심 정보는 혼자 독점하려 한다. 또한 권위에 대한 도전이나 반항 없이 순응하도록 요구하면서, 개개인들에게 주어진 업무만을 묵묵히 수행할 것을 기대하는 리더십을 말한다.

▶ 파워 리더십

파워 리더십은 미국의 트럼프 대통령처럼 탱크형 리더로

서 확고한 의지와 강인한 실행력을 바탕으로 한번 결정한 것은 어떤 비판을 받아도 철저하게 실천한다. 또한 역경이나 혼란에 도전하며, 성실과 끈기를 기반으로 하여 솔선수범 조직을 이끈다.

말보다는 강력한 행동을 요구하는 리더십으로, 최고 경영자에게 가장 필요한 리더십이다. 난국에 처할 때 이러한 유형의 리더가 진가를 발휘한다.

▶ 슈퍼 리더십

슈퍼 리더십은 애플을 만든 스티브 잡스처럼 주변의 조언이나 상급자의 명령에 무조건 따르기보다는 자신의 냉정함과 차가운 두뇌로 판단하여 조직의 활성화에 도움을 주는 리더십을 말한다. 풍부한 지식을 활용해 경영하는 박식한 리더들에게 어울리는 리더십이다.

▶ 카리스마형 리더십

카리스마형 리더십은 남성형 리더십으로 구분되나, 줌마에게서도 발견되고 있다. 줌마의 카리스마 리더십은 아이를 낳아 키우고 육아와 가정생활을 병행하면서 강하게 길들여진 것인지도 모르겠다. 아줌마의 힘! 못할 것이 없다. 그것은 모성애에서 나온 리더십일 수도 있다. 강력한 파워와 기동력을 바탕으로 조직을 일사분란하게 단결하게 하고, 구성원들이 이성이 아닌 맹목적으로 리더를 따르게 하는 힘이 있다.

▶ 거래적 리더십

거래적 리더십이란 부하는 리더에게 순응하고 이에 대한 대가로서 리더가 부하에게 보상을 제공하는 리더와 부하 간의 교환 관계에 초점을 둔 리더십이다.

다시 말해, 리더가 지시하거나 기대하는 바에 부하가 순응하는 대가로 임금 인상이나 특권을 부여받는 식의 리더십을 의미한다.

거래적 리더십은 타인으로부터 이익과 보상을 바라고 행동한다는 거래이론을 바탕으로, 리더와 부하의 관계를 복종과 보상을 서로 주고받는 거래 관계로 정의하였다. 그래서 구성원들이 좋아하고 도움이 되는 것이 있으면 직무 수행 수준이 향상된다고 보고, 보상을 통하여 그들을 만족시켜야 한다고 하였다.

그럼 리더와 부하 간의 관계에서 부하가 노력하도록 만드는 동기 부여의 과정을 살펴보자.

① 상황적 보상

상황적 보상은 조건적 보상이라고도 불린다. 상황적 보상은 리더 자신이 규정한 수준에 맞게 부하가 성과를 달성했을 때 동기 부여의 강화를 위해 인센티브와 보상을 제공하는 것을 말한다.

거래적 리더는 부하들과의 합의를 통해 보상을 받기 위해서는 무엇을 해야 하며, 또 처벌을 피하기 위해서는 무엇을 해야 할지를 결정하고 그 결과를 인정해 준다. 상황적 보상은 아이디어 창출에 의한 것보다는 주로 효율적인 관리 과정에 초점을 두며, 작업 수행의 진실성보다는 그 진행 과정을 중요시 여긴다.

리더의 조건적 보상이 큰 효과를 발휘하려면 리더가 많은 권한을 보유하고 있어야 하며, 부하가 보상을 얻기 위해서 리더에게 의존해야 한다. 또한 보상을 가져다주는 성과가 부하의 노력과 기량에 의해 달성될 수 있어야 하고, 성과가 정확하게 측정되어야 한다.

② 예외에 의한 관리

예외적 관리는 평상시에는 하급자들의 행동에 대하여 별다른 간섭을 하지 않으나, 리더와의 사전 합의에 의한 기

준으로부터 벗어나거나 그러한 성과를 달성하지 못했을 때
에만 처벌하거나 경고, 벌금, 해고 등을 실시하는 것을 의
미한다. 이러한 리더 행동은 부하가 합의된 성과 수준을
달성하는 경우에는 개입하지 않으므로, 부하들의 자기 강
화와 자기 존중감을 고양시킬 수 있다.

그러나 부하의 실패의 원인을 동기 부족으로 지각한다면
리더는 위협 또는 처벌에 의존하게 되고, 이는 부하의 적
대감, 불안, 자기존중감 상실 등 예기치 않은 역효과를 발
생시킬 수 있다.

▶ **변혁적 리더십**

변혁적 리더십은 유한킴벌리를 성공적으로 경영하였던
문국현 회장처럼 주어진 환경에 순응하지 않고 오히려 올
바른 방향으로 변혁시키려고 도전하는 리더십을 말한다.
지금까지 개개인과 팀이 유지해 온 업무 수행 상태를 뛰어
넘기 위해 변화를 가져오는 추진력과 해박한 지식을 갖추
고 있고 자기 확신이 강하며, 구성원들에게 존경을 받는
다. 개인이나 집단과 조직에 있어서 획기적인 변화가 요구
될 때 이상적인 리더십이 될 수 있다.

변혁적 리더십은 부하의 정서, 가치관, 윤리적 기준, 행

동 규범 그리고 장기적 목표 등을 바꾸어 줌으로써 개인을 변화시키고 변혁시키는 과정이다. 그리고 변혁적 리더십의 과정에는 부하들의 동기를 평가하고, 그들의 욕구를 충족시키며 부하들을 완전한 인격체로 대우하는 것이 포함된다. 이러한 점에서 변혁적 리더십은 카리스마적 리더십과 비전적 리더십 개념을 포함하는 개념이기도 하다.

변혁적 리더십은 부하들로 하여금 과업 수행 결과에 대한 중요성을 인식하게 하고 부하들이 개인적인 이득보다는 조직이나 팀의 이익을 우선시하며, 부하가 가지는 욕구보다 더 높은 수준의 요구를 활성화시킴으로써 애초에 기대했던 것보다 훨씬 높은 성과를 올리도록 하는 높은 수준의 사기 진작과 동기를 일으키는 리더십이다. 그래서 변혁적 리더십에는 카리스마, 분발 고취, 개별적 배려, 지적 자극 등이 포함된다.

변혁적 리더는 구성원들이 개인적인 성장을 이룩할 수 있도록 개별적인 관심을 보여 주고 개인의 욕구 차이를 인정하며, 알맞은 임무를 부여하고 잠재력을 개발해 준다. 또한 구성원들이 상황을 분석하는 데 있어 기존의 틀에서 벗어나 이해력과 합리력을 높이고, 문제 해결에 대한 인식을 새로운 방향으로 모색한다.

이런 점에서 변혁적 리더십은 여성에게 유리한 유형이라고도 할 수 있다. 여성의 전형적인 성 역할로 간주되는 지원적 · 고려적 태도에 준하는 태도들을 모두 포함하고 있기 때문이다. 그동안 여성적 특성으로 간주되어 왔던 긍정적 · 격려적 · 고무적 태도가 최근의 조직 사회에서 매우 적합한 리더십 유형으로 나타나고 있어, 여성들의 지위 향상에 긍정적인 영향을 미치고 있다.

변혁적 리더십과 거래적 리더십의 한 측면인 보상 행동 성향은 여성의 성 역할과 리더의 역할 사이에 연관 관계를 이끌어 내는 요소가 되므로, 여성이 리더로서의 역량을 발휘할 수 있는 근거가 될 수 있다.

① 카리스마

카리스마는 변혁적 리더십의 가장 중요한 구성 요인이다. 카리스마는 할당된 직무에 대하여 부하들이 일에 열중하도록 만들고 조직에 대한 충성심을 불어넣어 준다. 카리스마 리더는 매력 있는 비전과 사명을 선포함으로써 부하들이 리더를 존경하고 신뢰성을 가지며 자신감을 갖고 리더와 자신들을 동일시하도록 한다. 또한 이러한 리더는 비전에 의하여 부하를 각성시키고 분발 · 고취시킨다.

카리스마 리더의 특성으로 권력에 대한 강한 욕구, 강한 자신감, 자신의 믿음에 대한 강한 신념 등을 들 수 있는데, 이러한 특성들은 부하에게 영향력을 행사하려는 강한 동기를 리더에게 부여하고 이와 더불어 부하들은 리더의 판단을 신뢰하게 만든다는 것이다.

카리스마를 지닌 리더는 강한 자신감을 보이며, 타인에게 영향력을 행사하고자 하는 욕구가 강하고, 뛰어난 의사소통 기술을 가지고 있다. 또한 목표를 이념적 형태로 전환하여 명확하게 제시할 수 있으며, 자신이 제시한 비전과 사명을 달성하도록 부하들의 동기와 느낌을 불러일으키는 능력을 지니고 있다.

카리스마를 보여 주는 리더는 매사에 유능함을 보여 주고 수행하는 모든 업무를 성공적으로 처리할 뿐만 아니라, 자신의 업무에서 의미를 발견하지 못하거나 중요하지 않은 업무를 수행한다고 느끼는 부하에게 관념적인 용어를 사용하여 역할을 정의해 줌으로써 의미 있고 중요한 일을 수행하고 있음을 인지시켜 준다.

② 개별적 배려

개별적 배려는 리더가 부하들이 가지는 욕구의 차이를

인정하고, 개개인이 가지는 욕구 수준을 보다 높은 수준으로 끌어올리며, 부하들로 하여금 높은 성과를 올릴 수 있도록 잠재력을 개발해 주는 행동을 말한다.

즉, 리더는 부하들이 가지는 성장 욕구를 파악하여 이를 충족할 수 있도록 조언자나 코치로서의 역할을 담당한다. 또한, 부하의 노력에 대해 감사의 뜻을 전하고 부하들의 자율성을 최대한 보장해 주며, 더 많은 책임을 느낄 수 있도록 권한을 위임해 준다.

변혁적 리더십의 카리스마적인 요소가 부하들로 하여금 리더를 추종하도록 강조한다면, 개별적 배려 요소는 부하들이 성장할 수 있도록 촉진시키는 측면을 강조하는 것이라 할 수 있다. 따라서 리더가 카리스마적이지만 부하들에 대한 개별적인 배려가 부족할 때 부하들은 리더에 대한 충성은 뛰어나겠지만, 리더에게 일방적으로 의존하는 경향이 발생하게 된다. 따라서 이러한 리더는 카리스마적 리더는 될 수 있으나 변혁적 리더는 될 수 없는 것이다.

③ 지적 자극

지적 자극은 리더가 부하들로 하여금 상황에 대한 문제의식을 갖게 하고 새로운 관점에서 문제를 바라보도록 하며, 문제를 해결하는 데 있어서도 새로운 방향으로 접근하게 하는 것을 말한다. 배스(Bass, 1985)는 부하의 지적인 자극에서 변혁적 리더는 거래적 리더와 현격한 차이를 보인다고 했다. 거래적 리더가 반응적인 반면에 변혁적 리더는 능동적이며, 아이디어 창출에 있어서 보다 창의적이고 혁신적이며, 보수적인 사상보다는 급진적인 사상을 취하는 경향이 있다는 것이다.

이런 측면에서 볼 때 리더가 부하들을 지적으로 자극하기 위해서는 리더 자신이 지적으로 풍부해야 할 뿐 아니라, 지식을 활용하여 부하들을 자극할 수 있어야 한다. 따라서 부하들을 지적으로 자극시키는 능력은 리더의 역량과 깊은 관계가 있다고 할 수 있을 것이다.

여성형 리더십의 유형

▶ 민주주의 리더십

민주주의 리더십은 제도나 규칙의 중요성을 인식하여 이성적 사고를 가진 구성원들의 의견을 존중하고, 그룹에 정보를 잘 전달하려고 노력하며, 전체 그룹의 구성원 모두를 목표와 방향 설정에 참여하게 함으로써, 구성원들에게 확신을 심어 주려고 노력하는 리더십을 말한다.

▶ 파트너 리더십

파트너 리더십은 조직을 운영할 때 혼자 운영하는 것이 아니라 파트너와 같이 운영하는 것을 말한다. 이 과정에서 어느 한 사람이 지배적인 위치, 즉 리더로서의 역할을 수행하지만 둘 사이에서는 중요한 상호 작용이 이루어지고 이 과정에서 구성원의 리더십이 개발된다는 것이다. 이 유형에서는 구성원 중 리더를 구분하는 것이 모호한 경우가 많고, 설사 리더라 하더라도 구성원과 동일한 책임과 권한을 갖는다.

▶ 서번트 리더십

서번트 리더십은 부하에게 목표를 공유하고 부하들의 성장을 도모하면서 리더와 부하 간의 신뢰를 형성시켜 궁극적으로 조직의 성과를 달성하게 하는 리더십을 말한다. 테레사 수녀처럼 조력자로서 리더십을 발휘하고 사랑을 베푸는 리더로서 조직을 지배하려 하기보다는 신뢰로 이끌어간다.

기존의 리더십이 구성원의 앞에서 구성원을 이끄는 역할을 하였다면, 서번트 리더십은 조력자로서 구성원의 일체화와 공감대 형성을 통하여 조직 목표를 달성하는 것이다. 기본적으로 방향 제시자, 파트너, 지원자의 세 가지 역할에 중점을 두고 구성원들을 이끌어 나가는 특성을 가지고 있다.

▶ 브랜드 리더십

브랜드 리더십은 독창적인 아이디어를 가진 리더가 창의력으로 승부하는 리더십을 말한다. 남이 가지 않은 새로운 길을 만드는 것에 높은 가치를 두고, 남보다 앞서서 표준을 장악하여 독보적인 경쟁력을 확보하는 것이 주된 목표이기도 하다. 다소 튄다는 비판을 듣더라도 확실한 이미지를 높이는 데 초점을 맞추는 리더십이다.

▶ 비전 리더십

비전 리더십은 영국을 다시 선진국의 반열에 올린 마거릿 대처 수상처럼 눈앞의 작은 이익에 관심을 두지 않고 조직의 미래 전망을 내다보고 구성원들에게 희망적인 비전을 제시하는 리더를 말한다. 이를 통해 리더가 올바른 비

전을 제시하고 구성원 모두가 동참하도록 하여 같은 방향
으로 나아가고자 한다.

▶ **임파워링 리더십**(Empowering Leadership)

구성원에게 권한을 위임하여 주인의식을 심어 주는 리더
십을 말한다. 임파워링 리더십은 리더 혼자 모든 일을 수
행하는 것이 아니라, 구성원들 중에 능력 있는 사람에게
권한을 위임하여 역량을 다할 수 있도록 한다.

줌마가 세상을 바꾼다

시대가 요구하는
여성 리더십

　우리나라 직장에서 여성이 자신의 능력을 발휘하면서 리더로 성장해 간다는 것은 여성에 대해 갖는 사회와 조직의 장벽을 극복해야 한다는 것을 의미한다. 그럼에도 불구하고 변화와 경쟁이 치열해지는 지난 10년 동안 여성 인력의 활용으로 여성 리더의 증가는 가속화되고, 소위 마음을 움직이는 감성과 섬세하고 세심한 배려를 갖는 여성적 스타일의 특성에 관심을 갖게 되었다.

　이러한 관심을 얻기까지 우리나라 기업 현장에서 여성 인력의 위상들은 여러 가지 방식으로 변화되어 왔다. 지난 1990년대에는 대기업 여성 공채 사원이 확대되었고, 2000

년대부터는 여성 관리자가 나타나기 시작하였다. 여성의 경제활동 참가율은 지속적으로 증가하여 2019년도에 이르러 53.5%에 이르고 있다(통계청: 경제활동인구조사).

이렇듯 여성의 경제활동 참가율이 지속적으로 증가하는 것은 무엇보다도 첫째로, 사회 및 산업구조의 다양화에 따라 정보산업·서비스산업 등이 발달하여 여성 인력을 필요로 하는 직업이 많아졌기 때문이다. 둘째, 교육 수준의 향상, 출산율 저하 등으로 여성의 가정 내 가사 및 육아 시간이 단축되었기 때문이다. 셋째, 여성의 사회 진출에 대한 사회의식의 변화, 근로 시간의 변화, 근무 업종의 제약이 완화되었기 때문이다.

여성 리더십의 기본 목적은 양적 성장보다는 질적 결과물에 있고, 여성에게 있어 문제 해결은 대개 직감과 합리성에 의해 이루어진다는 속성을 지닌다. 결국 여성 리더십은 직급 간 통제를 최소화하고, 조직 구성원 간의 감정이입과 협동을 통해 개인의 권리를 확대시킨다는 점에서 평등사상과 민주화의 보편화를 지향하는 정치적 관점과도 일치된다.

이제는 수직적 의사결정 사고를 가진 조직 운영보다는

수평적 운영을 지향하며 상호 협력하는 커뮤니케이션으로 정보를 함께 공유해, 일하고 싶은 분위기를 잘 만들어 주면서 이끌어 가야 한다. 따라서 지금의 시대적 요구에 맞물려 여성 리더에 대한 관심이 높아지고 있으며, 나아가 여성 리더십에 대한 효과성을 주장하는 경향이 많아졌다.

경제 성장과 사회 환경의 변화에 따라 여성 인력의 사회 진출이 당연시되고 있는 현실에 여성 리더의 숫자는 계속 증가할 것이고, 학습지 같은 교육 서비스업의 경우 여성 리더가 현재 70% 정도로서 앞으로도 업종에 따라 여성 리더가 절대적 다수를 차지할 것으로 전망된다.

이러한 점에 주목할 때 여성 관리자의 리더십 연구가 활발히 수행되어 부하의 정서, 가치관, 윤리 기준, 행동 규범 그리고 장기적인 목표 등을 바꾸어 줌으로써 개인을 변화시키는 변혁적 리더십 과정이 현업에 활용될 필요성이 제기되고 있다.

그동안 남성 중심적인 유교문화권이라는 문화적 요인 때문에 리더십이 전통적인 남성적 특성으로 인식되어 왔으나, 몇 년 전부터 우리나라에서도 여성 리더십이 소개되고 주목받기 시작하면서 다양한 각도에서 여성 리더십의 유효

성이 주목받고, 여성적 리더십의 영향과 결과에 대한 관심
이 급격히 높아지고 있다.

여성 리더가 조직에서 장기적으로 성공하기 위해서는 여
성만의 특성을 잘 활용하여 조직 구성원의 만족을 통한 조
직 성과를 이끌어 내야 한다. 여성만의 특성을 잘 드러내
는 리더십으로는 상호 작용적 리더십이 있다. 상호 작용적
리더십의 특성은 다음과 같다.

- 조직구성원들의 참여를 장려한다.
- 권한과 정보의 이동을 당연시한다.
- 정보와 권한의 권유를 통해서 부하와 동료에게 문제
  해결 방법과 의사 결정의 정당성을 볼 수 있는 수단을
  제공한다.
- 정보 공유와 경영 참여를 조직 구성원에게 장려하며
  자긍심을 향상시킨다.
- 고도의 경쟁 환경에서 기업이 살아남을 수 있는 힘을
  주고 융통성을 가져온다.

여성 리더는 타인과의 관계를 협력 관계로 인식하고, 남
성들의 자기중심성에 비해, 타인 지향성이 강조되므로 구

줌마가 세상을 바꾼다

성원에 대한 관심과 민감성 등의 사회적 재질이 높게 나타난다. 결국 구성원들의 발전을 도모함으로써 리더 자신의 가치를 높이는 결과를 가져온다.

💡 줌마 리더십의 성공 POINT

- 구성원들과 권한을 공유한다.

- 구성원들의 발전을 도모하여 리더 자신의 가치를 높이는 결과를 가져온다.

- 모성, 보살핌, 관계 지향성, 도덕성, 참여적이며 민주적인 리더십으로서 구성원들의 복지를 중시한다.

2부

"상대에게 일을 시키는 방법은 오직 하나,
상대방이 바라는 것을 주는 것이다."

• 데일 카네기(Dale Carnegie)

여성
리더십은
다르다

여성 리더십은
21세기 트렌드다

미래학자인 존 나이스비트(John Naisbitt)는 『메가트렌드
(Megatrends)』에서 21세기를 '3F의 시대'라고 말했다. 3F는
Feeling(감성), Female(여성성), Fiction(상상력)을 뜻하는 것
으로, 미래 사회의 중요 가치로 받아들여지고 있다. 이 중
에서도 Female(여성성)은 기업의 생산성 향상에 크게 기여
하는 것으로 나타났다.

일본에서도 여성 활용도가 높은 기업을 골라 조사한 결
과, 여성 활용도가 높은 기업이 자기 자본 이익률이 높은
것으로 나타났다. 우리나라에서도 노동부에서 모범적으로
여성 인적 자원을 활용한 기업을 선정하여 표창한 적이 있

다. 그 자리에서 노동부는 '잘되는 기업, 알고 보니 여성 인력 잘 쓰는 기업'이란 슬로건을 내세우기도 하였다.

여성 리더십에 대한 연구

여성들이 보유한 친화력이나 민주적인 사고 능력이 좋은 관리자가 되도록 할 것이라는 주장이 제기되고 있다. 이는 다음의 두 가지 요인과 관련이 있다고 본다.

첫째, 여성들의 사회 참여가 늘고 리더의 위치에 오르는 경우가 과거보다 늘어나면서 지도자로서의 여성에 대한 논란이다.

둘째, 조직의 변화에 따라 전통적이며 가부장적인 리더십의 비효율성이 드러나면서 그에 대한 불만과 대안적 리더십에 대한 욕구가 늘어나게 되었다는 것이다.

특히 1990년대 이후 여성에 대한 리더십 연구는 더욱 활발해지고 있으며, 연구 내용도 더욱 다양해지고 있다. 이는 여성의 활발한 사회 진출과 지위 향상에 따른 여성 리더십의 부상에 힘입은 것으로 볼 수 있다. 이외에도 여성이 일할 기회를 만드는 중요한 요인으로는 어떠한 것들이 있을까?

- 기업의 성장
- 변화와 위기
- 젊은 전문직 종사자들의 비율
- 전통적 리더십보다는 상호 작용적 리더십이 경쟁적

이렇듯 여성 리더는 다양한 경제 환경에서 살아남을 수 있는 힘과 융통성을 갖고 있다. 상호 작용적 리더십은 여성적 리더십을 나타내는 또 다른 용어로, 조직 구성원들의 발전을 도모하며 구성원들의 가치를 스스로 높이고자 하는 한편, 조직의 목표 수행과 동시에 구성원들의 복지와 만족을 중시하는 리더십이다.

여성적 리더십의 발전 방향

그러나 우리나라와 같은 가부장적 유교문화에서는 여성 리더의 역할에 대한 고정관념이 뿌리박혀 있다. 여성 인력의 사회 진출이 증가하고 있음에도 불구하고 이러한 고정

줌마가 세상을 바꾼다

관념으로 인해 아직도 고급 관리직에 있어서는 여성의 활용이 저조한 실정이다.

다른 나라와 비교해 보면, 주요 의사결정을 하는 고위 임직원 및 관리직의 여성 비율이 하위 수준에 머물러 있는 것으로 나타났다. 10대 기업의 여성 임직원 비율은 2% 정도에 불과하다. 그렇다면 여성적 리더십은 어떠한 방향으로 발전해 나가야 할까?

첫째, 여성 리더는 부하 및 동료들에게 이상적이고 바람직한 역할모델의 모습을 보여 주는 신뢰받는 리더가 되어야 한다. 여성 리더가 전통적인 성 역할에 따른 모습만을 보여 준다면 조직 관계성에는 긍정적인 효과를 줄 수 있을지 모르나 협력 업무 및 자기희생적 역할이 필요한 업무에 있어서는 조직 구성원들의 동의를 이끌어 내기 어렵다.

둘째, 여성 리더는 구성원들의 이해와 동의를 이끌어 내는 적절한 정신적 동기를 부여해야 한다. 과거 권력과 지배가 동일시되는 남성적 리더십 중심의 기업 사회에서는 구성원의 이해와 동의가 중요시되지 않았으나, 산업화 이후 급속한 사회 변화와 조직의 다원화에 따라 이해와 동의를 통한 각 구성원 간의 관계 설정과 적절한 동기 부여가 기업 생산성에도 큰 영향을 미치고 있다.

셋째, 여성 리더는 혁신적이고 창의적인 질문을 통해 구성원의 지적 호기심을 자극하여 문제를 해결하고 새로운 아이디어를 도출해야 한다. 현대 경쟁사회 속에서 기업은 끊임없이 발전과 성장 동력을 찾아야 하며, 동시에 리더는 기업 성과를 위한 모델 창출을 요구받고 있다. 이를 위해 여성 리더는 공유와 참여, 관계성과 커뮤니케이션에 강점을 지닌 여성적 리더십을 발현하여 구성원의 몰입과 만족감 증진을 이끌어 내야 한다.

여성 리더십은
대안적 리더십이다

20세기 후반부터 가속화되기 시작한 산업구조의 거대한 변화는 기업의 경영 방식이나 인력 운용에 근본적인 변화를 요구하였다. 이러한 경영 환경의 변화는 새로운 경영 패러다임을 필요로 하게 되었고, 그 핵심은 조직의 유연성과 혁신성에 있다.

또한 혁신적 경영 패러다임들은 리더십에도 영향을 미쳐 리더십의 새로운 패러다임을 요구하게 되었는데, 이는 인본주의 철학에 입각하여 구성원의 신념, 욕구, 가치 등을 변화시켜 급변하는 조직 환경에 능동적으로 대처하고 개척할 수 있도록 구성원의 능력을 향상시키는 데 중점을 두고 있다.

이처럼 리더십의 의의와 가치를 강조하게 된 배경으로 작용하고 있는 환경의 변화는 리더십의 다양한 차원을 다양하게 볼 수 있는 여지를 주었다. 넓어진 리더십 가운데 많은 사람들의 관심을 받은 것이 바로 여성 리더십이다.

리더십 이론가들이 여성 리더십에 대해 관심을 갖게 된 배경에는 다양한 요인이 있지만, 그중에서도 리더십을 둘러싸고 있는 사회적 환경에 있다는 견해가 많다. 사실 여성 리더십은 남성적이며 가부장적인 전통적 리더십에 대한 불만으로 인해 나타났기 때문에 여성 리더십을 한계를 극복할 수 있는 대안적인 리더십으로 보는 경향이 있다. 이것은 곧 전통적 리더십이 현대사회의 변화하는 조직에 적합하지 못하다는 것과 같다고 할 수 있다.

줌마가 세상을 바꾼다

여성 리더는
남성 리더와 다르다

관리자로서 남성과 여성의 리더십 스타일에는 차이가 있다. 조직 내에서 여성 리더는 구성원들의 협력과 권한 위임에 초점을 두는 반면, 남성 리더는 통제와 권력 획득에 초점을 둔다. 그래서 부하 직원에게 비판을 가할 때는 여성보다는 남성 상관이 훨씬 유리하다.

전통적인 고정관념에 의하면 관리자 지위에는 여성보다 남성이 우세하다고 하지만, 최근에는 부하 직원에게 비판을 가하며 통제하는 것보다 부하 직원과 상호 보상적인 관계를 형성하는 것을 특히 중요하게 여기며 여성 리더에 높은 가치를 주고 있다.

여성은 타인의 의도라든지 감정을 이해하는 데 있어서 유리한 사회적 행동 특성을 갖고 있기 때문에 의사결정 과정에서 조직 구성원의 의견을 수렴하고 평가할 때 제안자의 감정을 상하게 하지 않고 협동적 분위기에서 할 수 있다는 장점이 있다. 남성에 비해 더 참가적이거나 민주적인 리더십 유형을 사용하며 덜 독재적이고 덜 지시적이다.

그러나 조직 내 관리계층으로 진입하여 핵심적인 역할을 수행하지 못하는 데에는 여러 가지 원인이 있을 수 있다. 그중에서도 성 역할 고정관념을 대표적인 것으로 꼽을 수 있다. 어느 한 성별이 한 직업에서 오랫동안 대다수를 차지하고 있으면 그것이 성(性) 고착화된(sex-typed) 직업이 된다. 이 때문에 관리계층에서 차지하는 남성들의 지배적인 비중을 떠올리면서 관리직은 남성적 직업으로 분류되고, 나아가 남성적 특질이 관리자에게 요구되는 특성인 것처럼 지각되고 만다.

경쟁우위와 전략 분석에 대한 자원 이론적 해석에 따르면, 조직의 경쟁우위를 위한 기본적 원천은 불확실하고 동태적인 상황 속에서 조직의 내부적 자원을 가장 효과적으로 활용하는 능력이라고 한다. 이러한 내부적 자원의 핵심이 바로 인적자원의 능력이며 그 같은 능력에는 문제 해결에 대한 다양한 시각이 포함된다.

여성 리더와 남성 리더들에 대한 최근의 인구통계학적 데이터를 보면, 여성 리더의 비율이 상당히 증가했음에도 불구하고 남성 리더와 비교했을 때 여전히 비율적으로 불균형을 이루고 있음을 알 수 있다. 이렇게 여성 리더들을 활용하지 않은 경우, 남성 리더와 여성 리더 간의 행동, 인식, 그리고 영향에 있어서 차이가 있을 것이라고 가정하는 잘못된 결론으로 이어질 수 있다.

결국 여성 리더를 활용하지 않은 조직들은 경쟁우위의 중요한 원천을 그만큼 약화시키고 있는 것이다. 단, 다음의 경우 여성 리더에 비해 남성 리더가 더 유리한 것으로 나타났다.

- 상황이 남성 지배적인 경우(특히 군대), 전체 부하 중에서 남성 부하가 높은 비율을 차지할 경우
- 역할이 남성에게 더 적합하다고 여겨질 경우
- 능력, 흥미, 협력 및 통제 등의 관점에서 그 역할이 남성에게 더 적합하다고 여겨질 경우

그러나 효과성을 비교해 보면 위와 같은 조건들이 그 반대 방향으로, 즉 여자에게 유리한 방향으로 바뀌면 여성 리더의 효과성이 더 높아진다. 이외에도 교육사업, 정부 또는 사회 서비스부서의 중간관리자에 여성 리더가 더 유리하다.

정보화, 지식 기반 사회의 새로운 조직 운영에는 관리자들의 참여적이고 민주적인 리더십이 요구되기 때문에 여성들이 보유한 협동적, 권한의 위임, 참여적 관계 형성, 공감, 고려적 태도를 바탕으로 하는 친화력과 민주적인 사고 능력이 좋은 관리자가 될 수 있는 요소로 작용할 것이다.

여성 리더십은
개인의 능력을 중요시한다

1980년대 이전까지는 조직 연구자들이 성과 리더십 스타일에 대한 분석에는 관심을 두지 않았다. 여성 리더들도 소수였고, 연구 대상이 된 조직에 여성 리더들이 있는 경우에도 여성 리더들은 대부분 제외되는 실정이었다.

그러나 1980년대 중반부터 경영학이나 사회심리학, 조직심리학 등의 분야에서 여성 리더십의 유효성 논의를 제기하면서 성과 리더십 스타일에 대한 분석이 본격화되기 시작했다. 정보화, 지식 기반 사회에서 새로운 조직을 운영하기 위해서는 관리자들의 참여적이고 민주적인 리더십이 요구됨에 따라 여성들이 보유한 특성이 좋은 리더의 요건이 될 것이라는 인식이 확대된 것이다.

성과 리더십 스타일에 관한 연구 결과, 여성은 타인의 의도나 감정을 이해하는 데 있어서 유리한 사회적 행동 특성을 갖고 있는 것으로 드러났다. 그중 하나가 바로 개인의 능력을 중요시한다는 점이다.

남성적 리더십이 지위에 의존하여 물적 · 기술적 자원에 대한 통제 및 조직 내 위계에 따른 권력 행사였다면, 여성적 리더십은 개인의 능력을 중시하여 과제와 대인관계에 대한 유능성 및 카리스마 등에 초점을 두고 위계조직 대신 팀 중심으로 운용되어 조직 구성원이 권력을 공유하는 경향이 있다는 것이다.

이렇듯 여성 리더는 구성원 개개인의 잠재적 성장을 위해 한 사람씩 개별적으로 배려한다. 과거 농경사회부터 생산 · 제조업 중심의 산업사회를 거쳐, 지식과 사람이 중심이 되는 현대사회의 기업에서 기업 구성원 개개인이 지닌 역량과 잠재 가치는 기업의 생산성과도 직결되고 있다. 이러한 상황에서 개인의 능력을 중시하는 여성 리더는 구성원의 역량과 잠재 가치를 육성하고 성장시킬 수 있다.

여성 리더십과
조직 성과

　최근 여성들의 지위는 사회 각 분야에서 지속적으로 상승하고 있으며, 이러한 현상은 기존의 리더십 이론 및 관습에도 영향을 미치고 있다. 과거의 리더십에 대한 이론들이 그들의 권력 기반을 남성의 특징인 정치적·경제적·군사적인 힘에 근거하고 있었던 것에 비해 후기 산업사회, 즉 오늘날의 리더들은 권한 위임과 참여, 협력적 관계 구축, 커뮤니케이션 등 여성의 고유 특성으로 간주되던 부분을 리더의 권력 기반으로 간주하고 있다.

　최근의 리더십의 이론들은 관계, 참여, 팀워크와 협력을 중시하고, 권한의 위임과 지원자적 태도, 조직 구성원들에 대한 공감 등의 능력을 이상적인 리더의 특성으로 보고 있다. 현대의 리더는 계급적 지위를 갖는 리더 역할보다는 코치나 멘토로서의 리더를 원하고 있다. 그래서 연대감의 형성, 효과적인 의사소통 및 경청 등의 태도와 구성원 간의 협력에 리더 역할의 초점을 두고 있다.

여성들은 남성보다 훨씬 우수한 대인관계 기술을 지니고 있으며, 이를 통해 협조적, 민주적인 리더십 유형의 중요성을 부각시켜 왔다. 그리고 이러한 협조적, 민주적인 리더십 유형은 여성 리더십에 대한 부정적인 감정을 지닌 부하 직원이나 동료들의 인식을 긍정적인 방향으로 변화시킬 수 있어 여성 관리자에게 유리한 강점으로 작용하고 있다.

흔히 남성 리더들은 부하를 통제하고 관리하는 것이 중요하다고 생각하는 반면, 여성 리더들은 구성원 간의 보완 관계가 중요하다고 생각하고 이들의 개인적 욕구를 배려해 주는 것이 효율성을 높여 준다고 믿는다. 즉, 여성 리더는 조직 구성원 간의 자율성을 고취시켜 최종적인 성과를 향상시키려 하는 것이다.

아울러 조직에서는 여성을 잘 인정하지 않으려는 분위기가 존재한다는 것을 여성 리더들은 잘 알기 때문에 반드시 성과를 보여 자신의 능력을 증명해 보여야 한다고 생각한다. 그래서 사소한 업무까지도 직접 챙기는 적극성을 발휘하는 성향이 강하다.

이러한 성향은 여성 리더가 하위 직급자였던 시절 주변 사람의 도움 없이 모든 것을 스스로 처리해야만 했던 것에서 유래하는데, 그 결과 리더가 된 이후에도 자체적으로 해결해 나가려는 성향을 계속 간직하고 있다.

여성 리더십은
경쟁이 아니라 협업이다

여성 리더십은 위계조직 대신 수평 구조를 통해 이루어진다. 또한 여성적 리더십의 기본 목적은 양적 성장보다 질적 결과물에 있고, 문제 해결은 직감과 합리성에 의해 이루어지므로 결국 여성적 리더십에서는 직급 간 통제를 최소화하고, 조직 구성원 간 감정이입과 협동을 통해 높은 수준의 수행 결과를 추구한다고 볼 수 있다.

권력이란 다른 사람에게 영향을 미칠 수 있는 능력을 말하는데, 권력을 얻는 근원은 크게 지위에 의한 권력과 개인적 권력으로 나뉜다. 지위에 의한 권력의 근원은 물적 · 인적 · 재정적 · 기술적 자원에 대한 할당과 통제, 조직 내

줌마가 세상을 바꾼다

위계에 따라 규정된 지위이다. 반면 개인적 권력의 근원은 문제 해결에 대한 유능성, 대인관계 유능성, 카리스마 등이다.

전통적 리더십은 지위에 의한 권력에 의존하는 경향이 컸으나, 현대 사회에서는 개인적 권력을 선호하는 경향이 크다. 여성적 리더십은 인간관계를 중시하고 보살핌과 나눔에 익숙한 특징을 가지며, 구성원들의 발전을 꾀하고, 구성원 개개인의 가치를 높이고자 하며, 조직의 과제 수행과 더불어 구성원들의 복지와 안녕을 중시하는 특징을 보인다. 개인적 권력을 이용하여 조직의 목적을 달성해 나아가기 위해 조직 전체 구성원의 마음을 모으는 것이다.

변혁적 리더의 성향을 보이는 여성 리더들은 여성 리더십으로 상호적 리더십을 주장한다. 상호적 리더십의 특징은 조직구성원의 참여를 장려하고, 권한과 정보 이동을 당연시하며, 이를 통해 부하와 동료가 문제 해결 방법과 의사결정의 정당성을 볼 수 있도록 한다.

더 나아가 조직 구성원에게 정보를 공유하고 경영에 참여할 것을 장려함으로써 자긍심을 향상시켜 준다. 변혁적 리더십을 발휘하는 리더는 조직 구성원의 발전을 도모해 그들의 가치를 높이고자 하며, 조직 목적 달성 못지않게 구성원들의 가치를 높여 주는 것을 중요시한다.

　전 세계적으로 경영 환경이 정보화 시대로 진입함에 따라 여성의 경제활동 참가율은 점점 증가하고 있는 추세이며, 섬세하고 지적 능력을 갖춘 여성 인력의 필요성이 증가함에 따라 많은 기업에서 여성의 능력을 발휘할 수 있는 직무를 확대시키고, 여성 조직과 여성 심리, 여성의 문화에 맞는 리더십 연구도 요구되고 있다.

3부

"외교관이란 여자 생일은 기억하지만
여자 나이는 결코 기억하지 않는 사람이다."

• 로버트 프로스트(Robert Frost)

위풍당당
줌마
리더십

관찰력,
그리고 창의적 사고력

'줌마' 하면 무엇이 연상되는가? 혹시 집에서 살림하면서 아이들과 남편에게 끝없는 잔소리를 퍼붓고 펑퍼짐하게 누워 TV를 보는 모습이 떠오르는가? 분명 아니다. 줌마들은 무엇이든지 척척 해내는 프로페셔널이다.

나는 아줌마들을 대신할 좀 더 멋진 말이 없을까 고민하다가 '줌마'라고 감히 표현해 보기로 했다. 말을 맘대로 만들어 낼 것이냐고 따져도 어쩔 수 없다. 내 눈에 여전히 당당하고 멋지게 사회 각 분야에서 활동하고 있는 생활의식이 강한 현대적 여성을 일컫는 말이라고 해 두자.

패션 감각도 뛰어나고 남과 다른 창의적인 생각을 하

줌마가 세상을 바꾼다

며, 남자들과 차별화되는 행동을 하는 이들이 바로 줌마다. 그렇다면, 남과 다른 생각과 남과 다른 행동을 만들어 내는 힘은 무엇일까? 줌마들이 쏟는 에너지의 비결은 강력한 힘을 만들어 내는 창의성이다. 남과 다른 관찰력으로 사물이나 사건을 해결하는 줌마는 창의적 사고력을 가진 여성이다.

창의적인 생각은 습득된 정보와 지식, 경험으로 다양한 생각을 창출하는 것이다. 생활 속의 수많은 생활용품은 남성 위주로 사용하는 것보다는 여성 위주로 사용하도록 설계되고 개발되고 있다. 그 이유는 생활용품을 비롯한 전자제품의 사용자들 중 줌마가 대부분을 차지하기 때문이다.

남성 옷은 유행에 따라 크게 변하지 않지만, 여성 옷은 계절에 따라 매년 새로운 디자인이 개발되어 시대의 흐름을 이끌어 가고 있다. 이는 남성의 관점보다 여성의 관점으로 사물을 관찰하고 분석해야 상품 개발에 성공할 수 있음을 설명해 준다.

핸드폰과 같은 생필품의 모양이나 기능도 여성의 감성으로 관찰하고 분석하여 새로운 상품으로 개발되고 있다. 그 이유가 여성 고객을 잡으면 남성 고객도 잡을 수 있다는 시장 조사 결과 때문이다.

창의성은 모든 분야에서 필수적이지만, 그것을 현실 속에서 만들어 내는 것은 쉽지 않다. 그럼에도 줌마들은 남과 다른 특성으로 자신의 경쟁력을 창출함으로써 사회에서 인정받는 여성으로 당당하게 활동하고 있다.

줌마가 세상을 바꾼다

두려움도 뛰어넘는
적극성

 줌마들은 무엇이든 적극적으로 생각하고 행동한다. 본능적으로 모성애가 있어서 무엇에든 적극적이고 두려움이 없다. 이를테면 아이에게 무슨 일이 생기면 물불을 안 가리게 된다. 아이를 키우다 보면 크고 작은 일이 허다하게 생기기 때문에 물이나 불에도 뛰어들 수 있는 마음이 엄마의 마음이다.

 그래서 줌마에게는 두려움이 없다. 가족을 지켜야 하기 때문이다. 적극적인 행동을 하는 줌마들은 직감적으로 상황을 판단하여 대처한다. 또한 줌마들은 희생적이다. 내이익을 보기 전에 상대가 필요하다면 내 것을 과감하게 포기할 줄도 안다.

아울러 줌마들은 결단을 요구하는 문제를 신속 정확하게 판단하는 능력을 겸비하고 있다. 이를 '직관력'이라 하는데, 사물이나 사건을 직감적으로 관찰하며, 언제 어느 때 어떻게 할 것인가를 판단하는 능력이다. 직관력은 우리가 살아가는 데 있어 필요한 능력 중 하나로, 위험한 상황을 벗어나는 직관력, 사람의 마음을 읽는 직관력, 미래를 예측하는 직관력 등을 포함한다.

사람의 마음을 읽는 직관력은 누구나 잘 알고 있을 것이다. 그 사람이 진실을 말하는지 아니면 거짓말을 하는지 줌마들은 빠른 직관력으로 알아낸다. 그리고 현재의 지식 정보들을 통합하여 분석하면 직관적으로 미래를 예측하는 능력도 갖고 있다.

모성 본능으로
조직원을 이해한다

여성은 아이들을 키우면서 돌발적인 아이들의 생각과 행동을 다스리는 기술을 습득했다. 공격적인 아이, 내성적인 아이, 분주하게 떠드는 아이, 말이 없고 다른 아이들과 어울리지 못하는 아이, 키가 큰 아이, 작은 아이, 뚱뚱한 아이, 홀쭉한 아이…. 아이들마다 성격도, 행동도, 외모도 다르지만 어머니들은 내 자식이기에 적응하며 참고 키운다.

아이들의 잘못을 야단치는 것보다는 아이들의 잘못을 감싸 주고 아이의 입장에서 아이를 이해하고 때로는 자신을 희생하기도 한다. 이와 같은 어머니의 행동과 역할이 조직을 이끌어 가는 리더의 행동이고 역할이다.

줌마들은 다양한 조직원을 지혜롭고 슬기롭게 어울리도록 이끌어 가는 창의적인 리더십을 가지고 있다. 모성 본능으로 가족의 실수를 이해하듯이 조직원을 이해하고 이끌어 가는 능력을 가진 여성이다.

긍정적으로 해결하여
기회를 준다

  자식을 향한 어머니의 사랑은 무조건적이다. 자식이 잘 났든 못났든, 어떤 잘못이나 실수를 했어도 어머니는 자식의 입장에서 자식을 이해하며 자식의 실수를 받아들이고 때로는 칭찬이라는 방법으로 잘못을 설득시킨다.

  이러한 설득 방법은 법에 의한 통제보다 효능성이 크다. 반복되는 잘못이나 실수를 근본적으로 이해시켜 스스로 지켜 나가도록 만들기 때문이다. 통제나 벌칙에 의한 관리를 하다 보면 어느 순간에 같은 실수가 반복 발생하는 경우가 많다. 스스로 잘못에 대하여 인정하기보다 규칙에 억압되기 때문이다.

스스로 깨닫게 만드는 이해 방법의 교육은 기회를 주는 교육이다. 한 번의 실수로 모든 기회를 빼앗는 것보다는 스스로 재기할 수 있는 기회를 주는 것은 조직 관리에서 생명수와도 같다.

자녀에게 기회를 주듯이 여성이 남성보다 조직원에게 기회를 주는 특성을 지니고 있다. 이러한 행동이 조직원을 단결시키고 화합하게 만드는 원동력이 되고 있으며, 사건을 긍정적으로 해결할 기회를 주는 능력으로 인정받는 줌마들의 힘이 되고 있다.

─ ✦ ─
능력을
발휘하게 해 준다

지금은 시대가 많이 변했지만 과거의 아버지는 가정에서 근엄하고 무서운 이미지로 기억되고, 어머니는 잘못을 감싸 주고 오히려 칭찬을 아끼지 않는 이미지로 떠오른다. 이러한 여성의 어머니와 같은 감성이 조직에서는 보이지 않는 힘을 발휘하게 만든다.

칭찬은 숨어 있는 잠재력을 끄집어내기도 하고 용기를 내게 하며, 적극적으로 행동하고 창의적으로 생각하게 만드는 자극제의 역할을 한다. 줌마의 칭찬 리더십이 조직원이 능력을 발휘할 수 있게 해 주는 것이다.

상대의 가능성을 칭찬하는 것은 기회를 주는 것과도 같

다. 일의 결과에 대한 지나친 비평이나 비판은 가능성을 억제하거나 사라지게 만들지만, 칭찬은 스스로 무엇이 잘못되었고 부족했는가를 생각하게 만들어 자신의 문제점을 개선하게 하므로 조직의 개선이나 혁신을 촉진시키는 원동력이 된다.

조직이란 때로는 생각지도 않은 일들이 일어나기도 하고, 내부적으로 조직원들 간의 갈등이 일어나기도 한다. 장점보다는 단점이 많을 수도 있는 집단이다. 그러나 여성의 감성 리더십이 단점이 많은 집단을 장점이 많은 조직으로 만들어 낼 수 있다. 이렇듯 줌마들이란 적극적이고 창의적이며 발전하는 조직을 만들어 내는 여성이다.

줌마가 세상을 바꾼다

--- ✦ ---

미소와 웃음으로
원만한 대인관계를 이끈다

줌마는 가능하면 참고 내색하지 않는다.

사람의 매력은 부드러운 미소와 웃음에 있다고 한다. 웃음은 인상을 부드러워 보이게 만들고 주변 사람들도 기분 좋게 만들어 준다. 밝은 표정과 웃음은 조직을 밝게 만들고 가정도 화목하게 만드는 원동력으로 대인관계도 좋게 만든다.

줌마가 사회적으로 성공하기 쉬운 조건이 있다면, 줌마 특유의 참을성과 여유로운 웃음이다. 미소와 밝은 표정은 상대방에게 긴장으로부터 해방감을 안겨 주며, 속해 있는 곳에서 주변까지도 편안하게 만든다.

사회생활이나 조직을 이끌어 가는 리더로서 여성의 이러한 특성은 장점으로 두드러진다. 상대를 설득시키고 화합하게 만드는 중간적인 조정자의 역할을 하기에는 남성보다 여성이 더욱 적합하다. 남성은 중간적인 조정자의 역할을 하려다 오히려 감정을 자극시켜 오해를 더욱 크게 만드는 경우도 있지만, 줌마는 서로의 감정을 슬기롭게 다스린다.

이는 아이들을 키우면서 이미 몸에 배어 있는 조정자의 기술을 가지고 있기 때문이다. 싸우는 아이를 슬기롭게 키우는 줌마의 능력이 원만한 조직과 대인관계를 이끌어 가는 힘이 된 것이다.

조직의 리더는 자신을 감추고 조직원의 능력을 자극시켜 팀원으로서의 역할을 다하게 만드는 사람이다. 자녀들의 생각과 남편의 생각을 조정하여 화목한 가정을 만들어 가는 어머니와 아내로서의 역할이 커리어우먼이 지니고 있는 대인관계 능력이며, 도전적이고 화합적으로 조직을 이끄는 힘이다.

줌마 리더십의 성공 POINT

- 무엇이든 적극적으로 접근하고 직감적으로 관찰하라.

- 모성 본능으로 실수를 이해하고 조직원을 이해하라.

- 긍정적으로 관찰하고 해결하는 기회를 만들어라.

- 칭찬하는 리더십으로 잠재적 능력을 자극시켜라.

- 미소와 웃음으로 원만한 대인관계를 이끌어라.

4부

"대부분의 역사에서 '무명'이라고
표기돼 있는 건 여성이었다."

• 버지니아 울프(Virginia Woolf)

세상을
바꾼
줌마들

한국 최초의
여성 교육기관을 설립하다

이화학당의 스크랜튼 여사

    1885년 6월 한국에 들어온 감리교 여선교사 스크랜튼 (Scranton) 부인은 선교 사업의 중요한 분야로 한국 여성을 위한 교육기관을 세울 것을 결심하고, 그해 10월 초가집 19채와 버려 둔 빈터를 사들였다. 그리고 이 초가집들을 고쳐 학생을 가르치기 위한 학교를 짓기 시작했다.

    그리고 이듬해 5월 여학생 한 명을 상대로 학교 운영을 시작하였다. 이곳이 바로 한국 여학교의 요람이 된 이화학당이다. 그녀는 한국 여성의 권익을 향상시키는 가장 좋은 방법은 여성을 교육시키는 일이라고 믿었다. 한 여성을 교육시키면 본인은 물론 가정, 사회, 나라도 발전한다는 신념으로 소외계층 소녀들을 모아 이화학당을 시작했다.

　이화학당에서는 남녀평등을 의식적으로 조장함으로써 수백 년의 구습이던 내외법(內外法: 모르는 남녀가 서로 얼굴을 마주 대하지 못하도록 규제하는 법)을 폐지시켰다. 남녀평등관에 입각하여 세워진 이화학당은 여성 해방의 큰 기쁨이었다. 한국 최초의 여성 교육기관인 이화학당에서는 이후 많은 여성 지도자를 길러 냈다.

바비 인형의
탄생

루스 핸들러

바비 인형을 만든 루스 핸들러(Ruth Handler)는 1945년 남편, 남편 친구인 해럴드 맷슨과 함께 마텔이란 조그마한 완구업체를 창업했다. 처음에는 주로 기타보다 작은 하와이 전통 현악기 우쿨렐레를 소형화한 장난감을 만들어 판매했다.

그리고 1956년 가족과 함께 스위스를 여행하던 루스는 성인용 독일 완구 빌트 릴리 인형을 보게 된다. 딸 바버라가 항상 빨리 어른이 되고 싶어 한다는 것을 알고 있었던 루스는 성인 여성 인형을 만들게 됐다. 어린이들이 아이 또는 동물 인형을 좋아한다는 고정관념을 깬 것이었다.

줌마가 세상을 바꾼다

이것이 바로 오늘날 덴마크의 레고와 쌍벽을 이루는 바비 인형이다. '바비'라는 이름은 루스의 딸 바버라에서 딴 것이다. 줄무늬 수영복을 입은 최초의 바비 인형은 1959년 3월 9일 뉴욕 장난감 박람회에 첫선을 보이며 세상에 알려졌다.

루스는 특기할 교육 배경은 없지만 호기심과 상상력, 그리고 탁월한 비즈니스 감각과 수완을 고루 갖췄다. 결국 인형 · 애니메이션 · 게임 회사의 최고경영자가 된 루스는 바비 인형을 비롯한 마텔사의 제품을 전 세계로 수출하는 등 사업에 열정을 쏟아부었다.

그러나 1970년 유방암이 발견돼 치료를 받다 1980년대 초 현업에서 물러난 루스는 결국 2002년 결장암으로 세상을 떠나고 만다. 그녀는 떠났지만 바비 인형과 함께 꿈을 키워 온 여성들은 바비 인형과의 추억을 영원히 기억할 것이다.

음식물쓰레기 처리의 혁명

음식물 처리기 루펜의 이희자 대표

'발명은 필요의 어머니'라는 말이 있다. 우리가 평소에 불편하다고 느꼈던 것을 그냥 지나치지 않고, 그런 불편함을 없앨 수 있도록 고치거나 아니면 아예 새로운 것을 만듦으로써 세상은 지금처럼 편리해진 것이다. 하지만 아직도 우리가 불편하다고 느끼는 점은 한두 가지가 아니기에 아직 발명할 수 있는 여지는 무궁무진하다고 볼 수 있다.

우리가 불편하다고 느끼고 어떻게 개선하거나 새로 만들어야겠다고 느끼는 여러 공간들 중에 가장 접하기 쉬운 공간이 바로 가정이다. 그렇기 때문에 일부러 다른 곳으로 가기보다는 가정에서 아이디어를 떠올리는 것이 가장 효과

줌마가 세상을 바꾼다

적이라 할 수 있다.

우리가 가정에서 생활하면서 불편한 점은 여러 가지가 있겠지만 그중 하나가 바로 음식물 쓰레기 처리일 것이다. 집 안에 두면 금방 냄새가 나기 때문에 모이는 대로 바로 배출해야 하는데, 이 때문에 가족끼리 누가 버릴 것인지 실랑이하기도 한다. 아무래도 봉투에 음식물을 담다 보면 봉투 주변에 음식물이 묻을 수밖에 없고, 또 봉투 겉에 묻은 물기 때문에 들고 가다가 물이 뚝뚝 떨어지기도 해서 비위생적이어서 기분까지 불쾌해지기 십상이다.

매번 이렇게 난처해하면서도 '어쩔 수 없지, 그냥 참아야지.'라고 생각할 때, 이런 부분을 개선할 물건을 만들어 내려고 다짐한 이가 있었다. 바로 루펜 비아이에프의 이희자 대표다.

그녀는 1년에 10번이나 제사를 지내는 집의 맏며느리였다. 수많은 제사 음식을 만들고, 또 일가친척들에게 대접하고 그것을 설거지하는 것은 그야말로 중노동에 가까웠다. 또한 제사가 끝나고 남는 음식들은 보통 냉동실로 향하게 되는데, 결국에는 먹지 않는 음식이 더 많아 쓰레기가 되고 만다.

또 이를 일일이 음식물 쓰레기 봉지에 담아 버리는 것 또한 보통 번거로운 일이 아니다. 그녀는 남들보다 더 이런 경험을 많이 겪다 보니, 이렇게 많이 배출되는 음식물 쓰레기를 편리하게 처리할 수 있는 방법에 대해 더 깊이 고민할 수밖에 없었다.

그러던 중 환경 분야의 사업을 하던 남편의 회사가 부도 나면서 가족들이 비닐하우스에서 생활할 정도로 큰 위기에 직면하고 말았다. 그녀는 이때 그동안 생각하고 있던 문제점을 개선할 제품을 생각해 내었다. 그것이 바로 음식물 쓰레기 처리기였다. 그녀는 평소 남편의 사업으로 인해 환경 분야에 남다른 관심이 있었고, 자신의 아이템이 시장성이 있으리라 판단했다. 그녀는 비록 어려운 상황이지만 마음을 다잡고 이 아이템을 성공시키기로 마음먹었다.

그녀는 음식물 쓰레기 처리 기술을 배워야겠다는 일념으로 일본 마루이치사의 회장을 만나러 갔다. 하지만 회장은 바쁘다는 핑계로 그녀를 만나 주지 않았다. 다른 이라면 실망하고 돌아왔겠지만, 그녀는 참고 온종일 기다렸다. 그 결과 다음 날 회장을 만날 수 있었고, 마침내 마루이치사의 음식물 처리기를 한국에 들여오는 데 성공한다.

줌마가 세상을 바꾼다

하지만 문제점이 있었다. 우리나라 사람들은 국을 많이 먹는데, 완전히 건조시키는 기능이 부족했던 것이다. 그래서 그녀는 한국에 맞는 음식물 쓰레기 처리기를 개발해야겠다고 마음먹고, 어떤 음식물 쓰레기든 간에 다 버리고 건조시킬 수 있는 음식물 처리기 '루펜'을 개발했다. 기존에는 압축하거나 미생물로 발효하는 시스템이었기 때문에 완벽한 처리가 되지 않았었는데, 루펜은 이런 점이 확실히 개선된 제품이었다.

품질에 대한 확실한 자신감이 있었던 그녀는 대형 건설사들을 대상으로 이 제품을 소개하고 계약을 계속 성사시키면서 회사를 키워 나갔다. 하지만 위기가 닥쳤다. 음식물 쓰레기 처리기의 시장성을 인정한 대기업이 이 제품을 탐내기 시작한 것이다. 그래서 납품 받은 뒤 교묘하게 복제품을 만들어 내기도 하고, 자금이 넉넉지 않다는 점을 악용해서 제조권을 넘길 것을 요구하는 등 '루펜'의 기술을 가져가려는 업체들이 속출했고 이로 인한 소송 때문에 자금난을 겪기도 했다.

그러나 2005년 마침내 BIF 보르네오와 합작법인을 설립하고 '루펜 BIF'라는 이름으로 바뀌면서 회사는 안정을 되찾았다. 또한 지분이나 두 회사의 역할 분담 등에 대해 합리적으로 정리되었기 때문에 합작법인을 설립한 것은 매우 적절한 선택이었다.

많은 사람들이 '가정주부가 회사를 잘 운영할 수 있을까?' 하고 의문을 가질 수도 있지만, 가정에서 벌어지는 일은 그 가정을 운영하는 사람이 가장 잘 알 수밖에 없다. 다른 업체에서 흉내는 낼 수 있지만, 결국 소비자들이 원하는 것이 어떤 것인지는 처음에 그 제품의 필요성을 느끼고 개발한 사람이 제일 잘 알 수밖에 없는 것이다.

우리가 늘 생활하는 공간이라서 그냥 지나치는 부분이 많지만, 잘 관찰하면 놀라운 아이디어를 만들어 낼 수 있는 공간 역시도 가정일 것이다. 대부분의 사람들이 가정을 가지고 있고 또 그 안에서 생활하고 있기에 어쩌면 우리는 모두 놀라운 아이디어를 발견하고 발전시킬 수 있는 가능성을 가지고 있는 셈이다.

줌마가 세상을 바꾼다

가사로
사업 아이템을 만들다

기업인 마사 스튜어트

〈생활의 달인〉이라는 프로그램을 보면, 사회 각 분야에서 일반인의 경지를 넘어서서 거의 달인처럼 자신의 일을 척척 해내는 이들을 볼 수 있다. 이들 중 가끔 '살림의 달인'들이 등장해 사람들의 이목을 끌곤 한다. 우리가 생각하기에는 살림이야 늘 하는 것이고 특별한 것이 없을 것 같은데, 그들은 결코 그렇게 생각하지 않았다.

옷을 하나 개더라도 어떻게 하면 빠르고 구김 없이 갤 수 있는지, 설거지는 어떻게 빠르고 깨끗하게 하는지, 간식은 어떻게 만들어야 맛있는지 등 우리가 살림을 하면서 무심코 되풀이했던 일들을 그들은 거의 예술의 경지로 끌어

올려 자신만의 방식대로 한다. 그렇기 때문에 그들이 해내
는 살림은 상당히 경이롭게 느껴지기까지 한다.

그런데 우리나라만이 아니라 미국에서도 이렇게 살림으
로 감탄의 대상이 되는 인물이 있는데 바로 '마사 스튜어
트'이다. 그녀는 기존에 아무도 시도하지 않았던 것을 시
도한 인물이다. 바로 우리가 가정에서 흔히 하는 살림에
대한 노하우를 모아서『마사 스튜어트 리빙』이라는 잡지로
만들어 낸 것이다.

이전까지 집안일은 그냥 하거나, 다른 사람 손에 맡겨서
하는 것이 일반적이었다. 그런데 그녀가 이 잡지를 만듦으
로 인해서 집안일도 충분히 지혜를 발휘하여 아름답게 해
낼 수 있다는 것을 많은 이들이 알게 된 것이다. 이전에는
살림에 관해서 이렇게 정리해서 나온 잡지들이 거의 없었
기 때문에 미국의 주부들에게는 이 잡지가 매우 획기적으
로 다가왔다.

그리고 1982년에는 테이블 세팅과 조리법에 관해 정리한
『엔터테이닝』이라는 책을 출간했다. 이 책이 베스트셀러에
오르고 나서 그녀는 단지 살림의 지혜에 관한 책을 출간하
는 데서 한 걸음 더 나아가 할인점의 컨설턴트 겸 대변인

으로 발탁되어 활약하기도 했고, 살림의 노하우에 관한 잡지『마사 스튜어트 매거진』을 출간하기도 했다.

그녀는 2001년에는『포춘』에서 '가장 유력한 여성 50인'으로 선정되기도 했으며,『타임지』에서 '미국에서 가장 영향력 있는 26인'으로 뽑히기도 하였다. 지금은 인터넷이든 서점이든 이런 종류의 책들이 쇄도하고 있기에 그녀가 이렇게까지 인기몰이를 했던 것을 이해하지 못할 수 있지만, 그녀가 이렇게 많은 사랑을 받을 수 있었던 것은 그녀가 다른 이들이 소홀히 여긴 살림의 중요성을 '최초'로 강조한 인물이기 때문이다.

그녀는 살림에 대한 출판으로 흔치 않게 부자가 된 여성 기업인이다. 또한 살림의 중요성을 여성들에게 처음으로 적극적으로 알리기 시작한 인물이다. 그래서 그녀는 처음으로 길을 만든 사람이라고 할 수 있다.

우리도 그녀처럼 작은 일이라도 자신만의 방식을 만들고, 그것을 타인에게 알리려는 노력이 필요하다. 여성들은 살림을 하면서 가족들을 향해 "나는 항상 열심히 하고 있는데, 표시도 안 나고."라고 얘기할 때가 있다. 살림이라는 것이 제대로 하기 위해서는 많은 정성을 요하는데,

가족들은 그것도 모르고 집에서 별일도 안 하고 쉬기만 한다고 생각하기 때문이다.

살림은 늘 거의 비슷하게 유지되는 것이기에 가족들이 보기에는 별로 달라진 것이 없다고 생각될 수도 있다. 그렇기 때문에 자신 스스로 타인에게 알려 주려고 노력하는 것이 필요하다. 자신만 알고 있다면 가치를 인정받기 어려워지기 때문이다.

살림을 하는 이들이 마사 스튜어트처럼 책이나 잡지를 통해서 자신을 알릴 수도 있지만, 비용도 많이 들고 까다롭게 느껴진다면 다른 방법이 있다. 자신의 블로그를 운영하면서 살림을 하면서 느낀 점이나, 혹은 달라진 점을 사진과 글로 올리는 것이다. 이렇게 하다 보면 기존에는 거의 표시가 안 나던 집안일이 블로그에 하나하나 쌓여 가는 것을 느낄 수 있다. 또한 방문객들과 소통할 수도 있고, 타인의 살림 노하우를 배울 수도 있기 때문에 매우 효과적인 방법이다.

꼭 살림에 대한 주제나 블로그를 통한 방식이 아니더라도 자신이 주로 접하고 잘 알고 있는 것에 대해서 마사 스튜어트처럼 적극적으로 알리기 위해 노력한다면, 어느새 세상 사람들에게 인정받아 가는 자신을 발견할 수 있을 것이다.

리더의 시간까지
관리하다

대성그룹회장 비서 전성희

    우리는 흔히 비서라는 직업을 기업의 회장이나 사장님의 약속을 알려 주거나 손님이 오시면 차 심부름을 하는 직업이라고 생각한다. 물론 이렇게 사소한 부분을 챙겨 주는 것이 비서의 역할이긴 하지만, 기업의 CEO가 자신의 업무에 집중할 수 있도록 제반 사항을 모두 챙겨야 하는데 비서가 늘 이렇게 사소한 역할만을 한다면 일의 공백이 생길 수밖에 없다.

    우리 자신이 약속이 있을 때에도 다이어리에 일정을 적고, 전화로 약속을 체크하고, 날씨나 교통편을 체크하고, 어떤 옷을 입을까 고민하는 등 신경 써야 하는 부분이 한

두 가지가 아니다. 그러니 기업을 이끌어 가는 사람은 아마 더 복잡하고 다양할 수밖에 없을 것이다. 이런 상황에서 사소한 일만 하기란 불가능할 것이며, 또 그렇게 해서도 안 될 것이다.

또 요즘에는 정보화 사회라서 더 빠르게 변화해 가고 있으니 비서의 역할도 그에 발맞춰 진화해 나가야 한다. 그러나 모든 비서가 이런 역할을 충실히 해내는 것은 아니다. 하지만 무려 40년이 넘는 세월 동안 완벽하게 이 역할을 해내면서 '비서계의 대모'라 불리는 이가 있다. 바로 대성그룹회장의 비서 전성희 씨다.

그녀는 1943년생이다. 우리 주위에서 1943년생이신 여성분들을 보면 대학을 나오신 분들이 손에 꼽을 정도인데, 그녀는 이화여대 약대를 나온 엘리트이다. 또한 그녀의 남편은 서울대 철학과 교수였다. 또한 그녀가 보좌하고 있는 대성그룹 회장은 남편의 친구이기도 하다. 그렇기 때문에 아마 많은 이들이 왜 자신이 엘리트인데도 남편 친구의 비서가 되었는지 의아한 생각이 들 것이다.

대성그룹 회장이 전성희 씨를 처음 만나게 된 곳은 하와이 호놀룰루에서 열린 워크숍이었다. 출산 후 퇴원한 지

얼마 되지 않은 그녀가 남편 친구의 일정을 살뜰히 챙기는 것에 감동한 대성그룹 회장은 그녀와 남편이 한국으로 돌아오자 그녀에게 비서 일을 해 달라고 청했다. 당시 그녀의 남편은 대학의 전임교수가 아닌 시간강사였기에 생활비도 빠듯했던 터라 그녀는 그 부탁을 받아들였다.

어떻게 보면 느닷없는 부탁임에도 불구하고 여기서 출발하여 그녀는 40년 넘게 꾸준히 대성그룹 회장을 보좌해 오고 있다. 이렇게 그녀가 지금까지 꾸준히 일해 올 수 있었던 비결에는 여러 가지가 있는데, 그중 하나는 그녀가 회사 일을 마치 집안일을 돌보듯이 꼼꼼하고 살뜰하게 한다는 점이었다.

우선 그녀는 정리정돈을 철저히 한다. 중요한 업무 외의 것은 치워 두고 일이 끝나면 서류를 정리해서 발송하거나 문서 파쇄기를 통해서 버린다. 또한 서랍 안의 물건은 언제나 꺼내 쓰기 좋도록 정리정돈하고, 기타 물건들도 사용하기 쉬운 곳에 정리해 둔다. 생각해 보면 이것은 엄마들이 집에서 많이 하는 일들이다. 문서가 뒤섞여 있고 책상이 흐트러져 있으면 정신이 산만해지고 이용하기도 불편해 일의 효율이 떨어지므로, 이것은 작지만 매우 중요한 일이라고 볼 수 있다.

또한 그녀는 마치 가족을 챙기듯이 하나하나 꼼꼼하게 챙기려고 노력한다. 그렇게 하기 위해서 그녀는 항상 메모하는 습관을 가지고 있다. 그것도 그냥 메모가 아니라 그 사람이 누구인지 어떤 볼일로 왔는지, 이름, 전화번호, 만나는 장소, 특이사항까지 모두 꼼꼼히 기록해 두는 것이다. 그렇게 하고는 찾아보기 쉽도록 자신만의 노하우로 잘 분류해 두기 때문에 갑작스런 회장의 질문에도 즉시 찾아서 보고드릴 수 있게 되는 것이다.

또한 그녀는 일에 있어서 이렇게 꼼꼼한 것과 더불어 상사의 가족까지 자신의 가족처럼 생각한다. 회장의 부인과도 함께 살갑게 얘기 나누며, 다른 가족들과도 교류하면서 유대관계를 유지한다. 그리고 가족들에게 차를 보내거나 일정을 살펴 주는 것까지 살뜰히 챙기면서 보다 믿음직한 비서의 역할을 해내고 있다.

그녀는 틈틈이 외국어 공부를 해서 5개 국어를 할 정도로 자신의 일에 완벽을 기하고, 항상 우아한 옷차림과 자세로 사람들을 대한다. 그녀가 1943년생이 맞는 건지 의심이 갈 정도이다. 그녀가 책을 냈을 때 대성그룹 회장은 그녀만 한 비서가 없다고 얘기했다. 그만큼 일을 잘하는 사람이 없다는 것이다.

우리 또한 그녀처럼 자신의 회사에서 중요한 위치라는 것을 인정받으면 자부심을 느끼게 될 것이다. 실은 누구나 그렇게 되기를 소원하고 있을 것이다. 하지만 그냥 바라는 것으로 끝낼 것이 아니라, 좀 더 집안에서 가족들을 살뜰히 보살피는 어머니처럼 더 꼼꼼하고 온화하게 해 나갈 방법을 고민해 보아야 한다. 보통 일을 잘하는 사람은 조금 냉정하다고 하는데 온화하기까지 하다면, 당신은 누구와도 바꿀 수 없는 소중한 인재로 인정받을 수 있을 것이다.

과감한 도전으로
편견을 뛰어넘다

콜롬비아 스포츠웨어 회장 거트 보일

세 아이를 키우는 평범한 주부였던 거트(Gert)는 사회 경험이 별로 없었다. 그녀의 아버지 폴 램프롬(Paul Lamfrom)은 1938년 독일의 나치를 피해 미국으로 건너가 오리건주 포틀랜드에 회사를 차렸다. 커트는 아버지를 따라 미국으로 건너온 뒤 애리조나대학에서 사회학을 공부했다. 그리고 한 남자와 결혼하여 평범한 가정생활을 이어 갔다.

거트의 아버지는 독일에 있을 때 셔츠 공장을 운영하여 성공을 거둔 인물이었다. 미국으로 이주한 다음에는 모자 도매상을 열어 자신의 사업을 이어 갔다. 하지만 모자의 인기가 시들자 방향을 바꾸어 아웃도어 제품을 만들기 시

줌마가 세상을 바꾼다

작했다. 그리고 1964년 사위인 닐 보일(Neal Boyle)에게 회사 경영을 맡겼다.

커트는 집안일을 하면서 틈틈이 남편의 일을 돕기는 했지만, 단순한 바느질이나 간단한 디자인 정도만 했을 뿐 큰 역할을 하지는 않았다. 그러다 뜻하지 않은 불행이 닥치고 말았다. 1970년 남편이 심장마비로 세상을 떠난 것이다. 엎친 데 덮친 격으로 회사도 위기에 빠지면서 그녀가 경영을 맡았을 때는 이미 파산 직전이었다.

주변에서는 회사를 빨리 처분하는 게 현명하다며 그녀를 설득했다. 사실 그녀가 평범한 주부라는 게 이유의 전부였다. 아무도 그녀를 인정하지 않았던 것이다. 그런데 주변의 차가운 시선과 터무니없는 가격으로 회사를 사들이려는 매수자의 얄팍한 술수가 오히려 그녀의 투지를 불태웠다.

거트는 모든 걸 새롭게 정리할 필요성을 느꼈다. 그래서 아들 팀과 함께 은행들을 찾아다니며 6개월이라는 시간을 얻어 냈다. 그리고 그동안 자신에게 회사를 처분하라고 권유했던 직원들을 해고했다. 새로운 인원을 충원한 거트는 여러 제품을 만들던 방식을 포기하고, 경쟁력 있는 아웃도어 제품들을 추려 생산하기 시작했다.

하늘은 스스로 돕는 자를 돕는다고 했던가. 마침 아웃도어 시장이 성장하고 있었다. 게다가 기능성 아웃도어 의류가 각광받으면서 거트의 회사에서 생산한 제품이 인기를 끌었다. 아웃도어 업체 중 가장 먼저 고어텍스 소재를 선택한 덕분이었다. 매출은 급격히 상승해 파산 직전에 있던 회사는 활기를 띠기 시작했다.

판매가 늘어나면서 광고에도 신경을 쓸 수 있게 되자 '강한 엄마'라는 시리즈로 광고를 내보내기 시작했고, 이는 곧 인지도 상승으로 이어졌다. 거트가 아들과 함께 일으킨 이 아웃도어 업체가 바로 '콜롬비아 스포츠웨어(Columbia Sportswear)'이다. 콜롬비아 스포츠웨어는 꾸준히 성장하여 1998년 나스닥에 상장했고, 현재도 지속적인 상승세를 보이고 있다.

거트는 지금도 은퇴하지 않고 일선을 지키고 있다. 세 아이의 엄마로 평범한 삶을 누리던 거트에게 그런 사업 수완이 있었는지 누가 알았겠는가? 자신을 믿고 따른 아들과 위기를 극복하겠다는 의지가 있었기에 성공했지만, 중요한 것은 거트에게 충분한 능력이 있었다는 것이다.

물론 운이 좋았다고 말할 수도 있다. 하지만 그것은 그녀의 능력을 폄하하려는 것으로밖에 보이지 않을 것이다.

그녀가 처음 회사 경영을 맡았을 때, 주부가 무슨 사업이냐며 회사를 정리하라고 권유하던 사람들처럼 말이다.

콜롬비아 스포츠웨어의 철학은 '거티즘'이다. '어머니가 자식을 생각하는 것처럼 아웃도어 활동에 가장 필요한 기능과 편안함을 가진 의류를 제공한다.'는 것이다. 그녀는 비록 여성이었고 많은 이들이 그녀의 능력을 폄하했지만, 오히려 여성이라는 것이 이점이 되었다. 그동안 스포츠웨어는 남성들만의 전유물로서 남성들만이 만들어 낼 수 있다고 생각했던 데 반해, 그녀는 여성만이 가지고 있는 섬세함을 통해 성공할 수 있었기 때문이다.

사실 우리가 어떤 분야에 도전하기에 앞서 주저하게 되는 이유는 그 분야 자체가 힘들다는 점도 있지만, 편견을 가진 사람들이 곱지 않은 시선으로 바라보기 때문이기도 하다. 그래서 여성이거나 나이가 어리거나, 혹은 자금 사정이 넉넉지 않거나, 이전에 실패한 경험이 있는 경우 주위 사람들이 강하게 만류해서 시작하지 못하는 경우도 있다.

어떤 일의 시작에 대한 편견과 우려를 막을 수는 없을 것이다. 하지만 거기에 계속 얽매인다면, 우리는 결국 아무것도 해낼 수 없다. 누구나 조금의 약점을 지니고 있다. 그렇기 때문에 이런 시선들에 얽매여 시작을 주저하기보다는 과감하게 도전해서 자신의 능력을 증명해 내는 것이 훨씬 현명한 일일 것이다.

💡 줌마 리더십의 성공 POINT

문제 해결 능력을 키우려면 사물을 보는 관찰력을 키워야 한다. 사물의 관찰은 보이는 것만이 아니라 보이지 않는 것을 찾아내는 관찰력이다. 어디에 무엇이 있는지를 잘 기억하면 필요할 때 쉽게 사용할 수 있듯이 주변에 있는 사물을 관찰하고 기억하는 훈련이 창의적인 사고력을 키운다.

- 인생에서 힘든 경험, 도전, 목표에 대한 좌절은 대나무의 마디와 같다. 우리의 삶은 마디가 많을수록 단단해진다.

- 모죽(毛竹)은 씨를 뿌린 후 5년 동안 아무리 영양분을 주어도 싹이 나지 않는다고 한다. 하지만 5년이 지나면 갑자기 죽순이 돋아나 눈에 띄게 쑥쑥 성장한다. 힘들고 한없이 어렵다고 느껴질 때, 모죽을 떠올려라.

5부

"늘 그렇듯,
모든 바보 뒤에는 위대한 여자가 있다."

• 존 레논

줌마 리더십
– 성공의
기술

긍정적인 상상과
도전 정신

　성공한 줌마들의 공통점은 뭐든 할 수 있다는 긍정적인 상상과 자신감이 만든 도전 정신을 갖고 있다는 점이다. 그녀들의 인생을 보면 무엇 하나도 쉽게 이루어진 것이 없다.

　도전 정신은 주어진 환경을 극복하고 발생한 문제를 헤쳐 나가는 힘이자 창조 능력이다. 외발자전거를 잘 타려면 먼저 외발 자전거에 적응되어야 하고, 흔들리는 외발자전거에서 중심을 잡는 방법을 훈련해야 하며, 외발자전거를 움직여서 운동장을 달리거나 줄 위로 달리는 방법을 생각해 내야 한다.

　만일 외발자전거로 살아가야 한다면 누구나 살아남기 위

해 넘어지고 쓰러지면서 외발자전거에 적응하고 자전거를 움직이기 위해 노력할 것이다. 이러한 노력이 성공으로 가는 비결이다.

거리에 떨어진 낙엽을 그대로 놔두면 쓰레기가 되지만, 낙엽을 주워 발효시키면 비료가 된다. 가을에 떨어지는 은행잎에서 80가지가 넘는 귀중한 의약품의 재료가 나오는 줄 누가 생각이나 했을까?

H그룹의 J회장이 임원들과 함께 종로 길을 걸어가고 있었다. 아까부터 회장의 눈치를 살피던 최 이사가 회장 옆을 다가가더니 질문을 던졌다.

"회장님, 저 궁금한 것이 있는데요. 한 가지 가르쳐 주시겠습니까? 어떻게 회장님은 손을 대시는 사업마다 성공하시는지 비결이 있을 텐데…. 그 비결을 가르쳐 주시겠습니까?"

그러자 회장은 최 이사의 질문에 오히려 어이가 없다는 듯이 되물었다.

"아니, 저기 있는 저것도, 여기 있는 이것도… 모두가 돈이 굴러가고 있는데 최 이사 눈에는 돈으로 보이지 않는다는 말이오?"

같은 사물을 보더라도 회장은 돈으로 보이는데, 최 이사는 아무리 보아도 돈으로 보이질 않았다는 것이다.

생각 없이 그냥 보는 사람과 생각하고 보는 사람의 차이가 성공과 실패의 차이라고 했다. 매일 보는 것도 생각을 가지고 보지 않으면, 보는 순간 잊어버린다.

관찰과 경험에서 탄생한
창조성

　몇 년 전 TV에서 했던 광고들 중에서 인상적으로 본 광고가 하나 있다. 주유소에서 기름을 다 넣고 주유기를 빼려고 하는데 빠지지 않자 광고 모델이 "맛있는 건 알아 가지고." 하면서 차도 '맛'을 안다는 메시지를 전하는 광고였다.

　그런데 수년 전 TV에서 이 광고의 아이디어를 낸 사람이 이 광고의 비하인드 스토리를 이야기할 때, "집에서 아기가 젖병을 물고 놓지 않는 데서 영감을 얻었다."고 말하는 것을 우연히 듣게 되었다.

　그 얘기를 들어 보니, 그동안 방송 중간중간 무심코 본 광고들 속에는 실은 무수히 많은 가정들의 모습이 들어 있을 것이란 생각이 들었다.

이렇게 창의력과 상상력으로 문제를 해결하고 변화를 이끄는 리더십을 '창의적 리더십'이라 한다. 그렇다면 창의적 리더십의 기본 원리에는 무엇이 있을까?

관점을 바꿔라

코카콜라의 상징이 되어 버린 콜라병은 여자 친구의 주름진 통치마를 보고 영감을 얻어 발명한 것이다. 관점을 바꿔 새로운 디자인을 만들기 위해 고민한 루디와 달리, 대부분의 사람들은 스스로의 자만이나 능력만으로 문제를 해결하려고 한다.

매일 지나다니는 길에 어떤 상점이 있고 어떤 상품이 어떤 모양으로 있는지를 알지 못하는 사람은 관심을 가지고 사물을 보지 않기 때문이다. 눈을 감고도 어디에 무엇이 있는지를 기억하는 연습이 관찰력을 키우는 첫걸음이다.

동기를 만들어라

창의적 발상에는 여러 가지 동기가 있다. 둥그런 모양의 안전한 옷핀은 가슴에 달려 있던 핀이 살을 찌르자, 안전한 핀을 만들기 위해 만들어진 것이다. 그리고 자주 부러지고 자주 깎아야 하는 연필의 불편함이 동기가 되어 연필심을 돌려서 사용하는 샤프를 만들었던 것처럼 모든 것에는 동기가 있다.

주변 사물이 문제 해결 방법이 된다

문제 해결은 의외로 가장 가까운 데서 발견되는 경우가 많다. 그럼에도 우리는 항상 보는 것이기 때문에 그것이 문제 해결의 방법이 될 수 있다는 생각을 하지 못한다. 수많은 발명은 가장 가까운 데서 문제 해결 방법을 찾아내는 경우가 많다.

배려에서 나오는
생각의 차이

    같은 아파트에 살면서 201호 집은 나무가 잘 자라는데 202호 집은 나무가 잘 자라지 못하는 이유가 궁금했다. 반상회에 모인 7명의 줌마들이 저마다 원인을 이야기했다.

    문제는 202호 집이 201호 집보다도 나무에 많은 영양소를 주고 있었는데도 나무가 잘 자라지 못하고 있다는 점이었다. 모두가 무엇을 얼마나 주었는가에 관심을 가지고 있었다. 201호 집주인이 나무에 대한 사랑을 이야기했다.

    "나는 적당하게 물만 주고 시간에 따라서 햇빛을 보게 해줘요. 한쪽에만 두면 나무들이 햇빛을 보는 쪽으로 기울어지기 때문이죠. 자녀들을 사랑하는 것도 이와 같다고 생각해요."

　관심을 주면 관심을 주는 것만큼 자녀들도 성장한다. 202호 집은 나무보다는 집안 분위기만을 생각하고 나무를 그늘진 곳에 장식처럼 두고 영양분만을 잔뜩 주는 것이 나무가 제대로 성장하지 못하게 만든 이유이었다. 관심이란 자녀나 나무처럼 상대 입장에서 생각하는 것이어야 한다.

　자기중심으로 나무를 배치하여 햇빛을 보지 못하게 만들고 관심을 준다고 지나치게 영양분만을 많이 줌으로 오히려 뿌리를 썩게 만드는 것과 같이, 생각하는 방법도 내가 아닌 상대 입장에서 생각하는 자세로 바꾸어야 한다.

　이러한 배려에서 나오는 생각의 차이가 성공의 비결이 된다. 상대 입장에서 생각할 때, 상대가 무엇을 원하고 있는가를 알 수 있으며 상대를 위해 무엇을 할 것인가를 판단하게 된다.

　고객이 찾아오게 하는 경영 전략에서 고객을 찾아가는 경영 전략으로 바뀌고 있다. 상품을 시판하기 전에 개발 단계에서부터 고객의 요구를 들어가면서 상품을 개발하고 상품을 전시하고 판매하는 것도 고객의 입장에서 전시하고 판매해야 성공하기 때문이다.

고객의 니즈를
파악하라

은행잎 속에 어떤 성분이 들어 있는지를 알아내는 방법
은 은행잎의 성분을 분석하는 것이다. 어떻게 분석하는가
에 따라서 쓰레기로 버려지는 은행잎을 돈으로 만들어 낼
수 있다.

눈에 보이는 모든 것을 분석한다면 시간 낭비가 된다.
정보에 의하여 사물을 분석해야 한다. 인터넷을 정보의 바
다라고 말하지만, 어느 사이트에 어떤 정보가 들어 있는지
를 알아야 정보를 얻을 수 있다. 기술은 한 번에 습득되는
것이 아니라 반복되는 훈련과 노력으로 습득된다.

적은 재료를 잘 배합하여 맛있는 피자를 만들듯이 기술

은 재료만으로 만드는 것이 아니다. 고객이 어떤 맛을 원하고 있는지, 어떤 모양을 좋아하는지를 파악하여 고객이 원하는 것을 만들어 내는 기술이 성공의 비결이다.

구두 수선이나 옷 수선을 위해 이동 수선 차량을 만들어 아파트 등의 지역을 순회하는 영업이 높은 수익을 얻고 있는 것도 고객이 원하는 것을 찾아내서 고객이 원하는 것을 만들어 주는 기술로 변화되고 있음을 볼 수 있는 현상이다.

기술자의 고집이나 자만으로 영업하던 시대가 끝나고 고객이 원하는 대로 만들어 주는 기술로 바뀌어 가는 것은 생각만으로 돈이 되는 것이 아니라, 생각을 실천할 때 돈이 되기 때문이다. 무조건 생각하는 것은 돈을 만들지 못한다. 생각을 돈으로 만들려면 세 가지를 반드시 알아야 한다.

관찰 방법을 알아야 한다

흙 속에 묻혀 있는 돌을 보석으로 만들어 내기 위해서는 어디에 무엇이 있는가의 정보를 수집하여야 한다. 그리고 흙 묻은 돌을 보면서 어떻게 가공하면 어떤 모양의 보석을 만들 수 있을까, 보이지 않는 형태와 색상을 찾아내는 방법을 알아야 한다.

분석 방법을 알아야 한다

눈에 보이지 않는 물질 속에 들어 있는 것을 찾아내는 분석 방법을 알아야 한다. 누구나 보고 있는 형태나 색상으로는 돈이 될 수 없다. 남들이 보지 못한 것을 찾아내어 새로운 형태와 색상으로 만들어 내기 위한 분석 방법을 알아야 한다.

실험하는 방법을 알아야 한다

흙 속에 금이 들어 있다고 무조건 땅을 파서 물로 흔들어 내는 것은 시간 낭비다. 보석의 면을 어떻게 깎아 내는가에 따라 보석의 모양과 색상이 달라지고 어떤 돌을 어떤 방법으로 어떻게 깎는가에 따라서 보석의 가치가 결정되듯, 어떤 방법으로 실험할 것인가의 실험 방법에 따라서 결과물이 달라진다. 요리를 하거나 집 안을 꾸미거나 기술에 따라서 다른 맛의 요리가 되고 다른 집안 분위기가 만들어지는 것이다.

💡 줌마 리더십의 성공 POINT

고여 있는 물은 썩지만 흐르는 물은 아름다운 모양과 색을 만든다. 실천하지 않는 생각은 썩은 물과 같지만 누구나 세 가지 방법으로 생각하면 창조적 아이디어를 만드는 생각의 힘을 얻는다. 첫째, 깊은 관심으로 관찰하라. 둘째, 관찰한 것을 철저히 분석하고 기록하라. 셋째, 분석한 것을 반드시 실험하라.

끊임없이
변화하라

　우리는 끊임없이 변화하지 않으면 가치를 잃어버리는 경우들이 수없이 많다. 변화하지 않으면 도태된다. 신제품을 사고 돌아서면 새로운 신제품이 시장에 나오는 시대에 살고 있는 우리에게 과거의 영광은 의미가 없다. 어제의 영광은 이제 더 이상 미래로 연결되지 않는다.

　그래서인지 요즘 개인, 기업, 국가는 너 나 할 것 없이 변화와 혁신을 강조하고 있다. 국가는 국제 사회에서, 개인이나 기업은 사회의 주류로 자리를 잡기 위해서는 사회 변화에 따라 신속하게 변화하고 준비해야만 하는 시대에 살고 있기 때문이다. 기관마다 변화와 혁신을 주도하려 하

줌마가 세상을 바꾼다

고 있으며, 개인은 사회의 변화에 적응하고 성공하기 위해 스스로 변화와 혁신을 시도하고 있다.

많은 기업의 사업계획에서도 빠지지 않고 등장하는 주요 테마가 변화와 혁신이다. 경영자나 지도자들은 자신의 조직을 변화시키기 위하여 조직 혁신, 구조 조정, 조직 문화 개선 등 다양한 이름의 변화 관리 프로그램을 강조하고 보다 나은 조직으로 거듭날 것을 다짐한다. 하지만 안타깝게도 변화 관리 프로그램을 성공적으로 수행한 기업이나 국가는 전 세계적으로도 극소수에 불과하다.

"변화를 거부하는 사람은 이미 죽은 사람이다."라는 말이 있다. 변화와 혁신이 목표에 달성되지 않으면 강력하게 요구되고, 변화를 거부하면 기존의 세력에 많은 저항을 받게 되며 오랜 시간이 소요되는 특징이 있다. 따라서 성공적 변화와 혁신을 위해서는 경영자의 전폭적인 참여와 지원은 너무도 당연한 전제 조건이다.

그러나 최고 경영자 한 사람의 힘으로는 거대한 조직이 변화할 수 없다. 결국 조직 전체의 변화와 혁신을 가져오려면 한 사람의 변화가 아닌, 구성원들의 변화부터 시작되어야 한다. 이러한 점에서 조직원을 이해하고 능력을 발휘

하게 하며 협동을 중시 여기는 줌마의 리더십이 큰 장점으
로 발현될 것이다.

성공으로 이끄는
13가지 자기 관리법

자기를 사랑하는 마음은 남을 사랑하는 마음과 직결되고, 자기 발전의 근원이 되는 것이어서 자기 관리는 무엇보다 중요하다.

▶ 삶에서 절제를 반드시 실천하라

배부르게 먹고 취하도록 마시고 어디에서나 자세가 흐트러지는 것은 줌마로서 자제가 필요한 모습이다. 자신의 본능에 따라 하고 싶은 대로 한다면 리더십을 가진 줌마라고 할 수 있을까? 줌마는 뭔가 다르다는 것을 몸소 보여주어라.

▶ 쓸데없는 말을 삼가라

꼭 필요한 말이 있는가 하면, 쓸데없는 말도 있다. 목청을 돋우는 말, 비웃는 말, 거짓말, 헛소리, 신경질적인 표현, 남을 비방하거나 헐뜯는 말, 욕설, 한탄하는 말, 우는 소리 등은 하지 않는 것이 좋다. 기도는 다른 것이 아니라, 자신이 하는 말이 기도다.

▶ 절도 있는 생활

정리, 정돈, 청결에 앞장서고 약속은 하늘이 무너져도 꼭 지킨다. 질서를 생활화하며 근무 태도는 직장인의 으뜸인 만큼 제대로 지켜질 수 있도록 노력한다.

▶ 결단력의 행동화

우유부단한 성격으로 이럴까 저럴까 망설이다 좋은 기회를 놓치고 후회하는 경우를 주변에서 많이 보아 왔다. 옳다고 생각했으면 행동으로 옮겨라. 돌다리만 두드리고 있으면 아무것도 이룰 수가 없다. 해야 할 일은 반드시 행동으로 옮겨 실천하는 것이 중요하다. 우물쭈물하다가는 때를 놓치고 만다. 열정으로 추진해 가라.

▶ 구두쇠 정신

헛된 것에 돈을 쓰지 않는다. 불필요한 데는 1원도 써서는 안 되며, 돈을 써야 할 때는 유익한 곳에만 쓰도록 한다.

▶ 부지런한 습관

남보다 일찍 일어나 일을 한다. 시간은 생명이어서 시간을 낭비하는 것은 생명을 낭비하는 것과 같다. 자기에게 주어진 시간을 값지게 쓰는 사람만이 값진 삶을 사는 것이다.

▶ 성실한 자세

결코 술책을 써서 상대방을 해치고 자기의 영화를 꾀해서는 안 된다. 언제나 공정하게 생각하고 행동한다. 말을 할 때도 성실하게 한다.

▶ 서로 도움을 주려는 마음

남을 도와주면 그 사람도 나를 도와준다. 남을 돕는 것이 자기를 위하는 길이 되고, 남을 해치는 것은 자신을 해치는 결과를 만든다는 점을 명심하자.

▶ 자신을 컨트롤하라

어떤 일이 있어도 섣부르게 화내지 않고 마음의 평정을 갖도록 노력한다. 일단 호흡을 길게 하고 참고 견디는 것이다.

▶ 청결한 외모

누가 보아도 청결하다는 평을 듣게 노력하라. 첫인상에서 불결하다 느껴지면 일처리에 대해서도 마이너스 인상을 주게 된다. 자신의 신체, 의상을 비롯하여 자신의 주변 환경 등을 항상 깨끗하게 관리한다.

▶ 밝은 미소

언제나 감사한 마음, 즐거운 마음을 가지면 얼굴 표정도 좋아진다. 미소를 연습하라. 이것도 습관이다. 한 달만 반복하면 그대로 된다.

▶ 흔들리지 않는 태도

충동적인 행동으로 신문의 한 면을 장식하는 사람은 얼마든지 볼 수 있다. 어디서나 중심을 잡는 태도가 반드시 필요하다. 흔들리지 마라.

▶ 겸손함

인간이 살아가면서 남의 존경을 받는 가장 큰 덕목은 겸손의 생활화다. 자신을 낮추면 오히려 올라간다. 스스로 목에 힘을 주는 것은 적을 만드는 지름길이다.

6부

"어머니가 소년을 남자로 만드는 데 20년이 걸리지만,
여자가 남자를 바보로 만드는 데는 20분도 안 걸린다."

• 버트 프로스트(Robert Frost)

줌마 리더십
– 삶의
설계 기술

확실한 비전을
가져라

"돈을 잃으면 약간 잃는 것이고, 명예를 잃으면 많이 잃는 것이며, 건강을 잃으면 모두를 잃는 것이다."라는 말이 있다. 돈이나 명예는 회복할 수 있지만, 건강은 잃으면 회복하기 어렵다. 우리의 삶에도 자동차 타이어처럼 스페어가 있다면 하나쯤 잃는 것은 상관없다. 그러나 우리에게 인생은 단 한 번뿐이다.

열정적인 삶을 살기 원한다면 건강을 챙겨야 한다. 우리 국민 모두가 건강하게 사는 것은 개인뿐 아니라 나라의 축복이다. 우리 모두 축복받는 내일을 위해 우리의 삶에도

줌마가 세상을 바꾼다

새로운 설계를 해 보자. 그 첫 번째가 바로 '확실한 소망을 가지는 것'이다.

날마다 성인한테 기도하는 사람이 있었다. 그는 하나님에게 늘 간절히 빌었다.

"하나님! 부디 제가 복권 일등에 당첨되게 해 주세요."

너무나 간절히 기도하던 어느 날, 어디선가 음성이 들려왔다.

"그렇다면 복권은 샀느냐?"

모든 일은 준비가 되어야 한다. 운을 거꾸로 보면 공이라는 글자이다. 공을 들이지도 않고 운을 바랄 수는 없다. 행운은 노력이 기회를 만났을 때 찾아온다. 세상에 공짜는 없고 또한 공짜만큼 비싼 것도 없다. 돈이 좋아하는 냄새는 땀 냄새라고 한다.

로마에 "생각을 잘하는 것은 현명하고, 계획을 잘하는 것은 더 현명하고, 행동에 옮기는 것이 가장 현명한 일"이라는 속담이 있다. 세상에서 소중한 것 중에 노력하지 않고 저절로 이루어지거나 얻어지는 것은 없다. 생각하고 느끼는 바를 행동에 옮기고 실천해야 원하는 것을 얻을 수 있다.

나만의 강점을
찾아내라

대부분 나의 약점과 다른 사람의 장점을 비교하여 미리 포기하는 일이 많다. 언제나 남의 것은 커 보이기 마련이다. 그래서 우리는 해 보지도 않고 포기해 버리고 만다. 자신의 장점을 찾아서 써 보라고 하면 한 가지도 못 쓰는 사람이 있는가 하면, 50개 이상 찾아내는 사람도 있다.

과연 나의 장점을 쓰라면 여러분은 몇 가지나 쓸 수 있을까? 나의 장점, 아니 강점을 찾아보자. 그리고 그 강점을 살려 보자. 지금은 개성의 시대다. 즉, 나의 강점에 집중하고 계발해 나갈 때, 시간과 금전적·인적 낭비를 줄이고 성공 대열에 더 빨리 합류할 수 있다는 말이다. 잘할 수 있

줌마가 세상을 바꾼다

는 것을 선택해서 그것에 집중해야 한다.

외국 속담 중에 "돼지에게 노래 부르는 것을 가르치려고 하지 마라. 그건 시간 낭비일 뿐 아니라 돼지에게도 괴로운 일이다."라는 것이 있다. 괜히 안 되는 일, 부단한 노력을 해도 될까 말까 한 것을 선택하는 것은 시간 낭비이자 에너지 낭비이다. 우리는 잘할 수 있는 일, 조금 더 노력하면 최고의 성과를 거둘 수 있는 일을 선택하고 집중할 때, 성공과 더 빨리 만날 수 있다.

동물 세계에서 전쟁이 일어났다. 호랑이가 대장이 되어 군대를 인솔하게 되었는데, 여기저기 동료 동물에 대한 불평과 불만이 쏟아졌다.

"당나귀는 멍청해서 군인으로 부적절합니다."

"토끼는 겁쟁이니 필요 없습니다."

"개미는 너무 작고 힘도 없습니다."

"코끼리는 또 어떻고요. 너무 덩치가 커서 적들에게 금방 노출됩니다."

그때 호랑이가 불만을 저지하고 외쳤다.

"당나귀는 길쭉한 입을 가졌으니 나팔수로 쓸 것이다. 토끼는 발이 빠르니 전령으로 쓸 것이고, 개미는 너무 작아 눈에 안 띄니 게릴라로 활동하게 될 것이며, 코끼리는 힘이 세니 군수 물자를 조달할 것이다."

동료들은 각각의 동물들의 부족한 점, 모자란 점을 보았지만 호랑이는 단점 뒤에 숨어 있던 강점을 발견해 적재적소에 배치했다.

그들은 각자가 지닌 강점을 새롭게 깨달아 신바람 나게 전쟁에 임했을 것이다. 너무도 훌륭한 게릴라 요원으로, 나팔수로, 전령으로 군수물자 조달자로 말이다.

누구나 재능을 가지고 태어난다고 한다. 재능은 다르게 말하자면 강점이다. 누구나 좋은 점만 가지고 태어날 수 없으니 강점과 함께 약점도 있다. 그런데 대부분의 사람들이 자신의 강점을 말해 보라고 하면 우물쭈물한다. 겸손한 태도 때문일 수도 있지만, 그보다는 실제로 잘 못 찾는 경우가 많다.

반면 단점을 물을 땐 말 꺼내기 무섭게 줄줄 읊는다. 스스로 생각하기에 그토록 단점이 많은데, 어떻게 성공적인 삶을 꿈꿀 수 있겠는가? 잘하는 것에 집중했을 때, 성공으로 가는 길이 더욱 수월하다.

세계적인 부자 워런 버핏(Warren Buffett) 역시 잘하는 것에 집중했기에 부를 축적할 수 있었다. 그가 마이크로소프트사의 빌 게이츠와 친분이 두터운 것은 잘 알려져 있다. 사람들은 그가 벌써 빌의 회사에 투자했을 거라고 생각했지만 사실과 달랐다. 이유가 명백했다고 한다.

버핏은 인터넷 또는 IT 산업이 어떻게 발전할지 가능성과 전망을 이해할 수 없었다. 싫어했다는 것이 아니라, 도무지 자기 스스로 예측할 수 없다는 판단이 섰기 때문이다. 그가 투자해서 성공을 거둔 분야는 전통 산업 분야였는데, 워런 버핏은 그 분야에 있어 가능성과 앞으로 전망을 내다보는 강점이 있었다. 그러한 강점을 이용해 제대로 활용했기 때문에 그의 투자 신화는 계속될 수 있었던 것이다.

세계적인 여성들의 멘토로 떠오른 오프라 윈프리 역시 자신의 강점에 집중하여 성공한 인물이다. 그녀는 다른 사람들로 하여금 자신의 이야기에 귀를 기울이게 하는 강점이 있다는 것을 알았다. 실제 사람들이 그녀와 이야기하면 가슴속 깊은 속내까지 털어놓고 눈물을 흘리며 카타르시스를 느꼈다.

그녀를 세계적 인물로 끌어올린 〈오프라 윈프리 쇼〉는 처음엔 많은 반대가 있었다. 그런 밋밋한 쇼를 누가 보겠

냐며 방송가의 우려와 반대가 있었지만, 그녀는 자신의 강점을 살린 토크쇼에 대한 확신이 있었고 투쟁을 통해 얻어 냈다. 그 결과 그녀의 쇼에 나오는 이들은 그녀와 함께 더 유명한 스타가 되었고, 전 세계의 시청자들은 오프라 윈프리의 강점을 통해 출연자들과 공감하며 카타르시스를 느낄 수 있었다.

성과는 약점 보완보다는 장점을 강화하는 데서 산출되기 마련이다. 우리에겐 남보다 잘할 수 있는 특정 분야의 강점이 분명히 있다. 필요한 모든 것을 갖출 수는 없지만, 그것보다 강점 강화에 더 많은 자원을 투자할 때 효과가 나타난다. 잘하는 것이 있다면 자신감 있게 밀고 나가자.

나의 일을
사랑하자

지겨워하면서 하는 일치고 성공하는 경우를 일찍이 보지 못했다. 사랑하는 사람과 보면 볼수록 화가 나고 지겨워진 다면, 그것은 사랑하는 것이 아니라 혐오하고 증오하는 감 정이다. 사랑은 아름답고 즐겁고 좋은 것이다. 이렇듯 성 공한 사람들은 자기가 하는 일이 언제나 신나는 법이다. 신난다는 것은 즐겁다는 것이고, 즐겁다는 것은 사랑한다 는 것이다. 일이 의무인 사람은 인생이 지옥이고, 일이 보 람인 사람은 인생이 천국이다.

한비야 씨가 구호 관련 일을 하면서 보람을 느끼고 즐길 수 있었던 것은 그녀의 말처럼 그 일이 가슴을 뛰게 하는 일이었기 때문이다. 가슴을 뛰게 하는 일을 하는데 어떻게 즐기지 않을 수가 있겠으며, 그 즐거운 가운데 어찌 욕심이 생기지 않겠는가. 이 순간을 더, 가슴 뛰는 이 느낌을 유지하고 싶은 욕심. 그것이 바로 열정이다.

행복하지 않게 시간을 보내기에 인생은 너무 짧다. 사람들은 내가 얼마나 즐기며 살아왔는지 모를 것이다. 난 언제나 즐기며 살았고 내 일은 곧 즐거움이었다. 왜냐하면 좋아서 하는 일이야말로 내가 하는 비즈니스의 핵심이기 때문이다. 인생은 긍정적으로 바라보는 사람에게 문을 열어 준다.

성공을 꿈꾸는 이들이 겪게 되는 오류 중 하나가 앞만 보고 달려간다는 데 있다. 그러나 이미 많은 사례를 통해 알듯이 즐기는 자를 노력하는 자, 천부적 재능을 지닌 사람이 따라잡지 못한다.

발레리나 강수진 씨의 발이 화제가 된 적이 있었다. 1985년 동양인 최초로 스위스 로잔 발레 콩쿠르 그랑프리, 최연소로 슈투트가르트 발레단에 입단한 뒤 수석 무용수 최고 여성 무용수 선정, 독일 궁정무용가 칭호 수여 등 그녀의 천재성은 세계에서 인정한다.

그런 그녀에겐 별명이 하나 있다. 바로 '강철나비'다. 무대 위에서는 날개를 펼치며 아름다운 몸짓을 하는 나비이지만, 무대 뒤 그녀는 강철같이 노력하는 연습벌레이기 때문이다. 하루에 10시간 연습하는 날이 허다하고, 때론 19시간씩 연습할 때도 있다. 눈 뜨고 일어나 잠자는 시간을 빼고 연습을 한다는 말이다.

헤져서 못 신게 된 토슈즈도 한 시즌에 150컬레, 1년이면 1,000컬레나 된다고 하니, 연습량을 가늠하는 일이 미안할 정도다. 그러니 발가락마다 굳은살이 험하게 박인 흉측한 발이 될 수밖에. 천재라 평가받는 그녀지만 연습을 소홀히 하는 법이 없다.

"아침에 눈뜨면 어딘가가 아파요. 아픈 것도 무용수 삶의 일부분이거든요. 그런데 어떤 날은 아무데도 안 아파요. 그러면 걱정이 됩니다. 어제 연습을 게을리한 건 아닌가 하고요. 대부분의 사람들은 80퍼센트 노력하고 나머지 20퍼센트는 자신과 타협하지만 전 타협하지 않아요. 20퍼센트도 연습으로 채웁니다. 그래서 제 발이 좀 고생이지만, 앞으로도 크게 달라지진 않을 거예요."

우리가 흔히 성공했다고 생각하는 이들을 보며 그들의

천재적 재능과 그들의 환경을 부러워한다. 그리고 맘대로 생각한다. 그들은 워낙 좋은 밭을 타고났으니까, 별다른 노력하지 않아도 잘될 거라고 말이다. 그러나 에디슨도 말했듯이 천재는 1%의 영감과 99%의 노력으로 이루어진다. 그만큼 노력을 기울여야 열매를 맺을 수 있다는 것이다.

열정적인 삶을 살아가기 위해서는 자신의 일을 사랑하고, 잘하기 위해 노력해야 한다. 정주영 회장도 현대를 시작하고 난 뒤 불도저 정신으로 회사를 이끌면서 여러 가지 난관에 부딪혔다고 한다. 자본적으로, 환경적으로도 받쳐 주지 않아 추진하던 사업을 포기하고 싶은 마음도 들었지만 사무실에 들끓던 빈대를 보고 마음을 고쳐먹었다고 한다.

그 당시 빈대가 들끓던 사무실에서 자고 있던 그에게 빈대는 불청객이었다. 내쫓으면 다시 들어오고 약을 뿌려도 다시 나타나 빌붙는 그야말로 빈대였다. 그러던 어느 날, 빈대를 쫓기 위해 침대 네 다리를 물에 담가 놓았다. 이젠 침대 다리를 타고 올라오지 않겠거니 안심하였는데, 글쎄 이 빈대들이 사무실 천장 위로 모두 기어가 침대로 뚝 떨어지더란 것이다.

그 모습을 지켜보던 정 회장이 무릎을 치며 '빈대도 이렇

줌마가 세상을 바꾼다

게 노력하는데 나라고 못할 것이 무엇인가?'라는 생각으로 사업을 일구기 위해 노력했다는 이야기가 있다. 하다못해 빈대도 빈대 붙기 위해 노력에 노력을 거듭하는데, 하물며 만물의 영장인 우리가 못할 것이 무엇인가 말이다.

소크라테스가 말했듯 지금 바로 당신 곁에 있는 일이 가장 소중한 만큼 그 일에 최선의 노력을 기울여야 한다. 그냥 노력이 아니라 발레리나 강수진 씨가 무대 위의 나비를 벗고 무대 뒤 강철로 변신하는 것처럼 철저한 노력이 필요하다. 자신의 일을 사랑하고 최선을 다하는 노력은 열정적인 삶, 성공적인 삶으로 가는 급행열차다.

시간을
알차게 써라

누구에게나 똑같이 주어지는 24시간, 사람들은 그 시간을 각자의 기준과 정서에 맞추어 활용한다. 그래서 어떤 이들은 시간이 너무 모자라 48시간으로 늘어났으면 좋겠다고 아우성이지만, 어떤 이들은 남아도는 시간을 주체할 수 없어 그야말로 시간을 때운다.

시간을 알차게 보내는 사람과 그렇지 못한 사람들은 삶의 방식부터 다르다. 성공한 이들의 습관을 분석했을 때 그들에게서 공통적으로 나타난 특성 중 하나가 시간 관리에 철저했다는 사실이다.

정주영 회장은 새벽 3시에 일어나 아침 의식을 다 마친

줌마가 세상을 바꾼다

후 왜 해가 빨리 뜨지 않느냐며 재촉했다는 일화가 있다. 인상주의의 대가 피카소는 사소한 일에 시간을 낭비하는 것이 너무 아까워 집 안에 물건이 가득 차 더 이상 지내기 힘들어지자 그냥 다른 집으로 이사를 했다는 이야기는 유명하다.

어디 이들뿐이랴. 성공한 인생을 걷고 있는 이들은 모두가 시간의 소중함을 일찍이 깨달았다. 남들 자는 시간에 일어나 자신만의 시간을 갖는 것은 물론이요, 미리 짜 놓은 스케줄대로 이동하면서도 자투리 시간을 잘 활용한다. 시간을 쪼갠다는 의미가 어떤 것인지 확실히 보여 주는 분 단위로 짜 놓은 그들의 계획표는 혀를 내두를 정도다.

이들이 그토록 시간을 아끼며 생활했던 이유는 무엇일까? 자신이 하고 있는 일에 순간순간 충실할 때마다 솟아오르는 열정을 느꼈기 때문이다. 또한 그 열정이 결국 자신이 지향하는 목표점에 다다르게 한다는 진실을 깨달았기 때문이다.

인생은 순간순간이 모여서 만들어지는 개인의 역사다. 순간이 잘 조각되지 않는다면 결국 전체적인 형태가 무너지기 마련이다. 시간 관리를 철저히 하여 알차게 시간을 활용해 잘 짜인 개인의 역사를 만들어 나가길 바란다.

'나'라는 이미지를 메이킹하라

    외모가 경쟁력이 되는 시대다. 그러나 이제는 그 앞에 개성 있는 외모라는 수식어가 붙는 시대다. 천편일률적인 외형은 잠시 동안 눈길을 끌 뿐이다. 조금 생기다 말았다고 해도 그만이 가진 장점을 살리거나, 자신감 넘치는 표정만으로도 대세가 되는 세상이다.

    10대 청소년들에게 욕을 먹을지도 모르겠으나, 10대들의 우상이라고도 하는 몇몇 아이돌 스타들 중에도 기존의 잘생긴 외모 기준에서 벗어난 친구들도 있다. 어른 세대에 속하는 나로서는 그들이 화면에 나오는 모습을 보며 갸우뚱하기도 했다.

시대가 많이 바뀌었단 생각을 하는데, 친구 녀석이 친절한 설명을 붙여 주었다.

"개성 시대잖아. 요즘 꽃미남도 한물갔어."

그러고 보니 그 아이돌 그룹의 면면을 보니 참으로 조화가 넘쳤다. 조금은 난해하지만 패션 감각이나 헤어스타일, 무엇보다 자신감으로 똘똘 뭉친 표정과 보디랭귀지가 보는 사람의 시선을 충분히 잡아끄는 매력이 있었다.

이미 외모의 역발상이 유행을 이끌어 가고 있었던 것이다. 그 친구들의 외모가 기존의 미를 판단하는 기준에는 미치지 못할지언정 그들만의 개성을 120% 발휘하고 있었다. 그러한 자신감과 외모의 역발상이 참 신선한 자극이 된다.

지금은 개성이 밥 먹여 주는 시대다. 외모를 바라보는 역발상이 필요하다. 물론 그 속엔 자기 자신을 믿는 믿음이 수반되어야 할 것이다. 정신은 행동을 지배한다. 믿음은 외모를 지배한다. 자신의 외모에 살아 숨 쉬고 있는 1%의 가능성을 살려야 한다. 그 가능성을 개성으로 승화시킬 때, 당신은 외모의 승부사라는 역발상의 주인공이 될 수 있다.

외모 이미지

이미지란 사람의 마음속에 어떤 대상으로부터 하나의 현상이 떠오르는 것이다.

인간관계 속에서 어떤 사람을 생각하면 그 사람에 대해서 떠오르는 영상이 있는데, 타인에 대한 느낌이나 생각, 특유의 감정들의 고유한 느낌, 또는 얼굴의 생김새와 표정, 목소리, 말씨, 옷차림, 대화의 제스처, 걸음걸이 등에 따라 형체가 만들어진다.

외적으로 보이는 이미지는 어떠한 대상물을 보고 느끼는 감각적 분위기와 머릿속에 잠시 기억되는 가시적인 형태나 뇌의 지각 활동에 의해 그려지게 된다. 따라서 좋은 이미지 형성에 있어서 호감 있고 자신감 넘치는 이미지를 만들어 가는 데 중요한 역할을 하는 외모와 용모, 패션코디네이션, 메이크업, 헤어스타일 등의 표현을 통하여 대인 관계 형성에 있어서 긍정적인 이미지를 구축하는 것이 매우 중요하다.

외모는 선천적으로 타고난 신체적인 모습이지만, 자신에 대한 좋은 이미지를 형성하기 위해 다양한 노력과 방법을 통해 꾸미고 가꾸게 된다.

줌마가 세상을 바꾼다

그러나 오늘날 외모에 대한 사회적 분위기는 단순하게 신체를 가꾸는 것에서 벗어난 완벽한 외모 만들기에 주력하고 있다.

　특히 프로페셔널 이미지는 일상적인 직업적 상호 작용 과정에서 매우 중요한 영향을 미치는 하나의 권력 요소이며, 이는 외모 단서에 의한 인상과 관련되기 때문에 적극적인 외모 관리를 통하여 직업에 적합하고 긍정적인 프로페셔널 이미지를 구축하는 것이 직장인의 경쟁력을 향상시킬 수 있다.

　이처럼 사회적으로 외모 이미지의 중요성이 부각되는 이유는, 사람을 평가하는 척도로 우선적으로 사용되기 때문이다. 외모 이미지에 대한 만족도가 높을수록 자아 존중감과 직업 만족도가 높아진다고 한다. 현대 사회에서 성공에 외모가 중요하게 작용한다는 뜻이다.

　외모 이미지란 시각적으로 보이는 신체적 특성뿐 아니라 패션, 메이크업, 헤어스타일 등의 총체적인 결합체라 할 수 있다.

　따라서 외모가 경쟁력이라는 명제처럼 외모 이미지는 남녀를 불문하고 원만한 대인관계와 사회생활을 하는 데 있어 중요한 요소이다.

외모 이미지의 형성 요소

개인의 이미지가 형성되는 요소로는 심리적 · 신체적 · 환경적으로 여러 가지 원인들이 있을 수 있으나 내적 이미지가 외적 이미지를 만들어 내고, 외적 이미지는 사회적인 인간관계 형성으로 이어진다.

그러므로 이미지를 연출하기 위해서는 무엇을 보여 줄 것인가를 결정하는 것이 중요하다. 실제로 이미지는 개인의 행동이나, 나아가 사회문화를 형성할 정도로 그 영향력이 크다. 그러므로 정치나 연예인 등 대중의 인기를 얻어야 할 사람들뿐만 아니라 일반 대중들도 남에게 보이고 싶은 자신의 이미지를 택해 이를 효과적으로 연출할 수 있어야 한다.

이미지 형성 요소는 겉으로 나타나는 개인의 외모, 표정, 태도, 행동, 말씨 등이 그 사람의 심성, 생각, 습관, 욕구, 감정에 기인하여 표출된다고 할 수 있다.

첫째, 사람의 외모는 그 사람의 심성과 생각이 작용하고, 감정과 습관이 영향을 주며, 자세와 행동이 수반되고, 표정과 말이 관여하거나 간섭하게 된다. 저변에는 그 사람의 욕구가 잠재되어 있는데, 이러한 종합적인 요인에 의해

줌마가 세상을 바꾼다

형성되어 외부로 표출된다. 그 사람의 옷차림이나 색채, 메이크업의 형태나 헤어, 스타일, 피부 관리, 심지어는 성형수술에 이르기까지 그 사람의 심성이나 생각에 의해서 결정되고 연출된다.

둘째, 표정은 그 사람의 심성과 감정에 의해서 작용하고, 생각과 욕구가 영향을 주며, 언행이 수반되고, 외모와 자세가 관여하거나 간섭한다. 저변에는 그 사람의 습관이 잠재되어 있고, 이러한 종합적인 요인에 의해 형성되어 외부로 표출된다. 표정은 그 사람의 마음의 창구라는 표현처럼, 그 사람의 기본적인 심성과 상황에 따라 달라지는 감정에 의해서 밖으로 연출된다.

셋째, 태도는 그 사람의 감정과 욕구에 의해서 작용하고, 심성과 습관이 영향을 주며, 외모와 말이 수반되고, 표정과 행동이 관여하거나 간섭한다. 저변에는 그 사람의 생각이 잠재되어 있는데, 이러한 종합적인 요인에 의해 형성되어 외부로 표출된다. 현재의 감정 상태가 어떠냐에 따라 자세가 달라지고 욕구 성향에 따라서 태도가 다르게 나타나기 때문이다.

넷째, 행동은 그 사람의 욕구와 습관에 의해서 작용하고, 감정과 생각이 영향을 주며, 표정과 외모가 수반되고,

말과 자세가 관여하거나 간섭한다. 저변에는 그 사람의 심성이 잠재되어 있는데, 이러한 종합적인 요인에 의해 형성되어 외부로 표출된다. 평상시에 그 사람이 무엇을 추구하고 있느냐와 오랫동안 길들여진 습관에 의해서 그 사람의 행동이 나타나기 때문이다.

다섯째, 말은 그 사람의 생각과 습관에 의해서 작용하고, 심성과 욕구가 영향을 주며, 표정과 자세가 수반되고, 외모와 행동이 관여하거나 간섭한다. 저변에는 그 사람의 감정이 잠재되어 있는데, 이러한 종합적인 요인에 의해 형성되어 외부로 표출된다. 그 사람의 독특한 생각이 습관을 만들어 가고 습관은 사고에 상호 보완 작용을 하여 말로 표현된다.

메이크업

현대적 의미로 메이크업이란 새로운 어떤 것을 만들어 낸다는 뜻으로, 줌마의 이미지는 내적 정신과 외적 감각으로 부드러우면서도 커리어우먼다운 모습으로 표현하는 것이 좋다. 메이크업으로 장점을 더욱 부각시켜 좋은 인상을 심어 주고, 단점은 보완하여 보다 좋은 이미지로 변화하는 것에 의미가 있다. 그뿐만 아니라 개인의 심리적인 측면에서 만족감이라든지 자기충족감과 정신적 안정감을 부여하고, 의욕을 향상시키는 데 커다란 의의가 있다.

메이크업은 사회 문화를 반영하는 거울로서 문화적으로 규정되어 이미지의 변천에 따라 다양한 사회문화를 반영하는 헤어스타일과 의복의 발전과 밀접한 관계를 유지하며 피부 보호와 심리적, 장식적 기능을 수행하고 있다.

현대에 이르러 메이크업은 여러 기법으로 재료 등에 구속받지 않고 인간의 육체에 새로움을 추구하여 인체를 디자인한다는 의미로 눈, 코, 입의 형태뿐만 아니라 새로운 시점에서 내적 · 외적 감각으로 표현하는 것으로 정의하고 있다.

그렇기 때문에 메이크업은 인간의 미적 본능과 끊임없는 욕망에서 일어나는 자기표현의 중요한 수단 중의 하나인 동시에, 그 시대의 문화와 사회를 반영한다고 볼 수 있다. 과거의 메이크업이 단점을 보안하고 수정하는 데 비중을 두었다면, 현재의 메이크업은 미적 욕구를 표현하는 수단으로서 개성을 최대한 뚜렷하게 살려 주는 중요한 수단이 되어 가고 있다.

미의 개념은 개인의 견해에 따라 편차가 클 수 있지만, 어떤 절대적 기준이 존재하는 것이 아니라 자신의 주관적인 아름다움의 표출 방법의 하나이며 여성들이 아름다움을 표현하는 것은 가장 원초적인 본능과도 같은 것이다. 그러므로 여성들의 자기 이미지 표현 중 메이크업은 여성이 지니고 있는 미의 범주 중에서도 미학적 시각에 큰 역할을 담당하고 있다.

💡 줌마 리더십의 성공 POINT

- 이미지 리더십은 자신감을 심어 주어 당당하게 만들어 준다.

- 웃는 표정을 연습하라. 입꼬리를 올리고 눈꼬리는 내려오듯 하면 인상이 달라진다.

- 인상이 달라지면 운명도 달라진다. 내적 외적 이미지를 가꾸라.

줌마가 세상을 바꾼다

나의 능력을
최대한 발휘하라

　내가 가진 능력을 가지고만 있으면 아무도 알지 못한다. 내 능력이 아무리 대단하고 많다고 해도, 그 능력이 외부로 발휘될 때 진면목을 알릴 수 있다. 능력을 가지고만 있어서는 그동안 들인 시간과 노력이 아까울 뿐이다. 따라서 줌마들은 자신의 능력과 재능을 가지고 좋은 결과를 내기 위해 노력해야 한다. 그리하면 주변 사람들이 나의 능력을 인정해 주고 또 다른 기회로 연결될 수 있기 때문이다.

　자신이 아무리 많은 능력을 갖고 있다고 해도 능력을 발휘해서 성과를 올리지 못하면 능력이 없는 것과 마찬가지다. 누군가에게 인정받는 것은 능력을 얼마나 가지고 있느냐가 아니라 얼마나 발휘할 수 있느냐에 달려 있다. 결국 개인의 가치를 평가하는 기준은 연령이나 학력이나 경력도 아니고, 보유하고 있는 능력도 아니다.

능력을 제대로 발휘하기 위해서는 일단 노력을 다하는 태도가 필요하다. 자신이 가진 재능의 크기와 유무를 떠나 타협하지 않고 끝까지 노력하는 것이다. 세계 유수의 역사를 보더라도 역사를 바꾸고 주도했던 자들은 노력했던 자들이었다. 가진 것에 연연하기보다 가진 것을 바탕으로 노력하는 것이 중요하다.

'발명왕'이라 불리던 에디슨은 어렸을 땐 선생님께 쫓겨날 정도로 둔재 소리를 들었지만, 자신이 잘하는 발명에 집중하고 그 분야에서 노력한 결과 1,093건의 특허권을 따냈다. 음악의 천재라 불리던 모차르트는 어떤가. 35년이란 짧은 생애를 살면서 그는 천재적인 음악 솜씨를 뽐내는 데 그치지 않고 600편이란 많은 곡을 작곡하여 세상을 아름답게 변화시켰다.

상대성 원리의 창시자 아인슈타인 역시 50년 동안 248건의 논문을 발표할 정도로 끊임없는 노력을 기울였다. 이렇듯 우리가 천재라 부르는 사람들은 보통 사람들보다 5배는 더 노력했다. 아마도 그들이 천재가 된 것은 보통 사람

줌마가 세상을 바꾼다

들보다 노력하는 유전자가 더 발달했기 때문은 아니었을까 하는 생각도 든다.

아무리 많은 능력을 가지고 있다고 하더라도 자신의 능력을 100퍼센트 발휘하지 못하면, 능력은 부족하지만 최선을 다하는 사람을 이길 수 없다는 말이 있다. 따라서 성공하는 줌마 리더가 되기 위해서는 자신이 가지고 있는 모든 학력, 재능, 경력, 능력을 바탕으로 좋은 성과를 내는 것이 필요하다.

💡 줌마 리더십의 성공 POINT

- 성공하는 여성은 자신의 일에 확신을 가지고 일을 즐겁게 하며 시간 관리, 감사의 마음, 이미지 관리에 신경 쓴다.

- 진정으로 즐길 때 열정이 나온다.

7부

"긍정적인 사람은 한계가 없고
부정적인 사람은 한 게 없다."

• 박용후

줌마 리더십
- 긍정의
기술

내 인생의
주인공은 '나'

    영화나 연속극에도 주역과 단역이 있듯이 직장에서도 주역과 단역이 있다. 주역은 자기 일처럼 모든 것에 최선을 다하자고 생각하지만, 상당수의 단역은 적당히 해치우겠다는 생각을 한다. 주역은 일을 찾아서 하지만, 다수의 단역은 시키는 일만 한다.

    주역은 잘못된 일에 자신이 책임지려 하지만, 많은 단역은 책임을 남의 탓이라고 생각한다. 주역은 회사를 이끌어가려고 애쓰지만, 단역은 어쩔 수 없이 끌려간다. 주역은 일하는 보람으로 시간 가는 줄을 모르지만, 단역은 월급날만 손꼽아 기다리다 보니 시간이 지루하게 느껴질 뿐이다.

                                            줌마가 세상을 바꾼다

우리의 삶에는 영주권이 없다. 잠시 머물다 가는 이 세상에서 어떻게 인간답게 살다가 갈 것인가? 우리의 삶에서 줌마로서 당당하게 주인공으로 살려면 의식을 바꿔야 한다.

▶ 나의 값을 높이자

물건마다 가격이 정해져 있듯 내 값을 높일 수 있도록 끊임없이 성장하자.

▶ 글로벌한 안목을 키우자

줌마라고 우물 안 개구리가 되어서는 절대로 세상을 넓고 크게 볼 수 없다. 급변하는 세계의 분야별 트렌드에 촉각을 기울이고 업데이트하자.

▶ 남에게 신뢰를 쌓아라

남들이 나를 믿지 못하면 아무것도 할 수 없다. 사람이 하는 일은 모두 신뢰를 바탕으로 이루어진다.

▶ 공부하는 줌마가 되자

배움을 멈추는 순간, 진짜 아줌마일 수밖에 없다. 배움은 정말 정해진 때도, 갖춰야 할 능력도, 장소도 상관없이 의지만으로도 충분히 가능한 일이라고 생각한다. 남녀노소 불문하고 누구나 매 순간을 배우려고 노력하고 있다.

사람은 자신도 알지 못하는 사이에 배우고 익히는 것이 아주 당연한 일이 되어 버려 나이가 들수록 그 사실에 무뎌져 버린 것일지도 모른다. 늘 그랬던 것처럼, 모르는 것은 배우면 된다. 배움을 통해 긍정의 에너지가 선순환되고 있다는 사실에 무뎌져 버릴지라도.

▶ **당당하게 행동하자**

비실비실거리는 줌마는 본 적이 없다. 당당함은 신뢰를 이끄는 방법이다.

▶ **법과 질서를 지키자**

신독(愼獨)[1]이 멀고 먼 경지는 아니다. 내가 지키면 남도 지킨다.

---

1   자기 홀로 있을 때에도 도리에 어그러지는 일을 하지 않고 삼감.

지금 이 순간이
가장 중요한 때

우리는 과거나 미래에 살 수 없다. 살고 있는 것은 언제나 오늘이다. 그런데도 우리는 '내일은 무슨 수가 생기지 않을까?' 요행을 바라고 복권 한 장에 인생이 한 방에 해결될 거라고 기대하기도 한다.

그러나 과거는 이미 무효가 되어 버린 약속어음이고, 미래는 불투명한 백지수표와도 같다. 우리에게 확실한 것은 오늘뿐이다. 우리는 가장 중요한 때에 가장 중요한 사람과 가장 값진 일을 하고 있음을 알아야 한다.

우리의 삶에서 일처럼 소중한 것은 없다. 일이란 삶에 활기를 준다. 활기가 없는 삶은 죽은 삶이다. 힘든 일, 어려운 일을 기피하는 것은 죽음과도 같은 삶이다. 죽으면 어차피 일도 없어지는 것이다. 사회생활을 처음 하는 여성들에게 말해 주고 싶다.

"일을 사랑하라, 일을 즐겨라, 일에 미쳐라."

노력하는 사람에게
운이 따른다

운이 좋아 성공한 줌마의 뒤를 살펴보라. 그 여성은 틀림없이 노력한 흔적이 있다. 운이 없는 사람과는 뭐가 달라도 다르다. 노력하는 사람에게는 운이 착착 달라붙는다. 그리고 운은 행동에서 나온다. 그래서 운도 내가 만드는 것이라고 말해 주고 싶다.

내가 하고자 하는 일마다 사사건건 트집을 잡아 인격적인 모독을 주는 상사, 자신은 열심히 일하지 않으면서 모든 걸 시키기만 하는 상사, 윗사람으로서 책임질 일은 회피하면서 부하 직원의 공은 가로채는 상사 등등 직장 생활을 하다 보면 뒤에서 욕을 먹는 상사가 종종 있다. 안타까운 모습이다. 직원들의 마음 하나도 못 잡는 리더가 과연 리더일까?

줌마가 직장에서 대우를 못 받거나 차별로 인해 받는 스트레스는 종종 '분노'로 나타나기도 한다. 그렇다고 분노를 겉으로 표출하면, 결국 그 손해는 자신에게 그대로 돌아오기 마련이다.

분노할 일이 있을 땐, 우선 분노라는 풍선에서 바람을 좀 빼 주자. 이럴 때 떠올리기 좋은 방법은 '그럴 수도 있겠다.'라는 마음이다. 지금 나에게 억울함이 생기게 하는 상대의 상황을 오히려 바꾸어 생각해 보는 것이다. 매사에 꼬투리를 잡는 상사라면 '어렸을 때 부모의 사랑을 풍족하게 못 받고 자라 성격이 결핍이 있어 그러는구나.'라고 생각하고 남이 잘되는 꼴을 못 보는 상사라면 '열등감이 심해서 어떻게든 버텨 보려다 보니 저렇구나!'라고 생각하는 등….

이해하려고 들면 가슴 가득 채우고 있던 분노가 가라앉으면서 상대가 그럴 수밖에 없던 상황이 이해되면서 측은한 생각이 드는 것을 느끼게 될 것이다.

세상만사가 모두 마음먹기에 달려 있다. 직장 생활뿐 아니라 사람과의 관계를 좀 더 매끄럽게 유지하고 싶다면 내가 먼저 변하는 수밖에 없다. 그리고 그렇게 노력하다 보면, 내게도 운이 착착 달라붙을 것이다.

멋진 줌마의
7가지 마음

배려의 마음

배려의 마음은 남을 위하는 마음이다. 나보다는 상대를 더 생각하고 도와주거나 보살펴 주려는 마음이다. 줌마들은 특히나 관계를 중요시하기 때문에 구성원에 대한 배려심이 훨씬 강하게 나타난다.

구성원들에게 친절하게 무엇이든 도움을 주려고 하며, 긍정적인 집단 정서를 만들기 위해 노력하는 이러한 배려의 마음이 곧 성공의 비결이 된다. 조직 구성원의 만족을 통해 조직 성과를 이끌어 낼 수 있기 때문이다.

줌마가 세상을 바꾼다

여유의 마음

여유로운 마음은 풍요로움이 주는 넉넉함이다. 자식을 키워 보았고 가정을 이끌어 가면서 힘들고 어려운 일도 담담하게 견디어 온 바위처럼 무언가를 가득 채워 줄 수 있고, 대범하고 너그럽게 일을 처리하는 마음의 상태이다.

줌마가 사회적으로 성공하기 쉬운 조건이 있다면, 아마 줌마 특유의 참을성과 여유로운 미소라 할 것이다. 여유로운 마음은 밝은 표정을 짓게 하고, 이는 상대방의 긴장을 해소시키며 주변을 편안하게 만든다.

사랑의 마음

사랑하는 마음은 살아 있음에 대한 내 스스로의 약속이다. 끊어지지 않는 믿음 위에 이해라는 방석을 얹은 것처럼 편안히 쉬게 해 주고 정성을 쏟아야 하는 관심이다. 다른 이나 존재를 아끼고 귀히 여기는 마음이다.

줌마는 자식이 잘났든 못났든, 어떤 잘못이나 실수를 저질렀든 어머니로서 자식을 사랑하는 마음으로 이해하고 실수를 받아들이며 때로는 칭찬이라는 방법으로 잘못을 설득시킨다.

이러한 줌마의 행동이 사랑을 베푸는 리더로서 조직을 신뢰로 이끌어 조직원을 단결시키고 화합하게 만드는 원동력이 된다.

정성의 마음

정성의 마음은 자기의 희생도 마다하지 않고 내어 주는 헌신의 마음이다. 바로 뜨거움에서 우러나오는 마음이며 온 힘을 다하려는 성실의 표현이다.

살림을 제대로 하기 위해서는 많은 정성을 요하는데, 줌마는 가족들을 위해 집 안을 깨끗이 하는 데 게을리하지 않고 정성을 다한다. 그런데 가족들은 그것도 모르고 집에서 별일도 안 하고 쉬기만 한다고 생각한다. 그럼에도 줌마는 내색하지 않고 묵묵히 희생을 마다하지 않고 정성을 다한다.

이와 같은 어머니의 행동과 역할이 조직을 이끌어 가는 리더의 행동이고 역할이다.

인내의 마음

참는 마음은 내 안을 성찰하는 마음이다. 어려움을 참고 견뎌 내는 것이며, 내면을 비우는 대나무와도 같이 세상하나하나의 이치를 깊이 통찰하게 하는 수련의 마음이다.

줌마는 아이들을 키우면서 돌발적인 아이들의 생각과 행동을 다스리며 인내의 마음을 쌓았다. 아이들마다 성격도, 행동도, 외모도 다르지만 줌마는 적응하며 참고 키운다. 이는 사회생활에서 다양한 조직원을 지혜롭게 이끌어가는 리더십의 힘이 된다.

노력의 마음

노력하는 마음은 자신의 목표를 향한 배움과 성장의 의지다. 오직 목표를 위해 한곳만을 바라보며 꾸준하게 한길을 걷는 집념이다.

우리나라 직장에서 여성이 리더로 성장해 간다는 것은 여성에 대해 갖는 사회와 조직의 장벽을 극복해야 한다는 것을 의미한다. 그럼에도 불구하고 변화와 경쟁이 치열해지는 지난 10년 동안 여성 리더의 증가는 가속화되고 있다. 목표를 향한 의지와 집념의 노력은 이렇듯 늘어나고 있는 줌마 리더의 수로 증명된다.

굳건한 마음

자신을 어떠한 상황에서도 올바르게 지켜 내는 용기다. 흔들림 없는 나무처럼 변함없는 한결같은 믿음이다.

정신은 모든 행동을 지배한다. 그리고 그 속엔 자기 자신을 믿는 믿음이 수반되어야 할 것이다. 줌마가 당당하고 멋지게 사회 각 분야에서 활동하고 있는 이유는, 생활 의식이 강하고 자신에 대한 굳건한 믿음이 있기에 가능한 것이다.

줌마가 세상을 바꾼다

생각이 깊고
아름다운 줌마

- 생각이 깊고 아름다운 줌마는 자신을 나타내기보다는 먼저 상대를 알아준다.

- 생각이 깊고 아름다운 줌마는 어려움에 빠져 누군가 도움을 청하면 거절하지 않는다.

- 생각이 깊고 아름다운 줌마는 누군가에게 미움과 시기를 받아도 상대를 미워하지 않는다.

- 생각이 깊고 아름다운 줌마는 남의 단점을 보기보다는 상대의 장점을 통해 자신의 단점을 고치려는 사람이다. 상대가 자기 뜻에 지배되듯 따르는 것을 원하는 것이 아니라, 상대방에게 자신이 지배받듯 따르려 한다.

- 생각이 깊고 아름다운 줌마는 상대를 자신의 뜻대로 붙잡는 것이 아니라, 자신의 아픔을 이기고 상대의 마음을 생각하며 상대를 고이 보내 준다.
- 생각이 깊고 아름다운 줌마는 상대에게 무엇을 요구하는 것이 아니라, 상대가 원하는 것을 할 수만 있다면 모두 준다.
- 생각이 깊고 아름다운 줌마는 상대에게 불필요한 상처를 주는 것이 아니라, 차라리 상대에게 상처 입는 것을 마음 편하게 생각한다.
- 생각이 깊고 아름다운 줌마는 언제나 자신만을 위해 사는 것이 아니라, 상대를 더 생각하고 상대를 위해 희생과 봉사로 배려한다.

사는 것이 궁핍하고 가난해도 마음이 풍요로운 사람은 아무것도 소유하지 않고 있는 것처럼 보이나 실제로는 모든 것을 소유한 사람이다. 반면 남이 보기 부러워할 정도의 여유 있는 사람은 모든 것이 행복해 보일 듯하나, 실제로는 마음이 추울지도 모른다.

어려움을 아는 줌마는 행복의 조건을 다 알지만, 모든 것이 갖추어진 사람은 만족을 모를 터이니 마음은 항상 추운 겨울일지도 모르겠다. 몸이 추운 것은 옷으로 감쌀 수 있지만, 마음이 추운 것은 어떻게 해결할 수 있을까?

사는 기준이 다 같을 수는 없다. 행복의 조건이 하나일 수는 없다. 생긴 모양새가 다르면 성격도 다른 법. 가진 것은 적지만 행복을 알고, 비록 부유하지는 않지만 남과 비교하지 않는 줌마라면 좋겠다. 그것이 줌마를 행복하게 만드는 조건이기 때문이다. 남과 비교할 때 나의 행복은 멀어지고 불행할 뿐이다. 그저 작은 것에 감사하는 마음 하나만으로도 행복의 주인공이 될 것이다.

— ✦ —
현재를
즐겨라

우리가 보내고 있는 지금 이 시간도 내일이면 과거로 흘러간다. 지난 과거가 힘들었다고 되새기지 말고 현재를 즐겨라. 안타까워하거나 후회할 것이 아니라 현재를 살아야 할 것이다.

내게 주어진 현재의 삶에 만족하고 감사하는 것이 행복이다. 주어진 인생을 기쁨으로 사는 것이 행복이다. 오늘을 편안하게 받아들이는 마음이 행복이다.

다음은 자신의 분야에서 성공하신 선배님이 주신 주옥같은 말로, 우리가 살아가는 인생을 계절로 비유한 것이다. 모두에게 다 해당되는 것은 아니겠지만, 내 주변의 줌마분

줌마가 세상을 바꾼다

들이 매우 공감했던 부분이다.

  10대는 뿌린 씨가 이제 막 작은 싹을 내보인 계절이고,

  20대는 꽃피는 봄의 계절이다.

  30대는 초여름 신록이 푸릇푸릇한 신록의 계절이고,

  40대는 한여름 성숙함의 계절이다.

  50대는 가을은 그간에 뿌렸던 수확의 계절,

  60대는 늦가을 단풍의 계절이다.

  70대는 초겨울 낙엽의 계절,

  80대는 한겨울 백설의 계절이다.

  어느 시절이든 무관하게 마음은 항상 푸르게 살 때 행복은 수시로 내게 찾아온다고 생각한다.

  줌마들은 미용실이나 사우나에서도 금세 친해지며, 차마 말하지 못할 가정사도 술술 털어놓으면서 마시는 한 잔의 커피에 행복을 느낄 수도 있으며, 아이의 올라간 성적, 남편의 승진에도 행복을 느낀다. 이렇듯 행복으로 가는 길은 우리의 평범한 현재를 지나간다.

8부

"소통은 사회생활을 영위하는 인간과 인간 사이에
이루어지는 사상의 교환과 전달을 의미한다.
기초적 사회 과정으로 개인의 발달 및 집단,
조직의 형성과 존속을 위하여 필요 불가결하여
인간 사회의 기초가 되는 것이다."

• 한선민

줌마 리더십
- 소통의
기술

— ✦ —
경영과 관리는
스피치에 있다

피터 드러커는 "인간에게 있어서 가장 중요한 능력은 자기표현이며, 현대의 경영이나 관리는 커뮤니케이션에 의해서 좌우된다."며 스피치의 중요성을 강조하였다. 굳이 피터 드러커의 말이 아니더라도 오늘날 스피치는 상대방을 설득시키고 이해시키고자 할 때 강력한 무기로 각 분야에서 활용되고 있다.

스피치의 성공 여부에 따라 기업의 투자와 제품의 판매, 취직이 결정되는 시대가 오고 있다. 이러한 시대에 각광받는 사람이 되기 위해서는 사전에 철저히 준비하고 스킬을 연마하고 성공할 수 있는 팁을 가지고 있어야 한다. 오늘날 스피치는 면밀히 계획되고 구성되어 실시되어야 하는 것으로, 하나의 무형자산으로서 사람, 정보, 노하우로 이루어진 하나의 경영 상품이라고 할 수 있다.

사람들은 가끔 말을 잘하는 사람을 만나면 부러워한다. '어떻게 말을 저렇게 잘할 수 있을까?' 의아해하기도 하고 심지어 태어나면서 갖는 재능이라고 생각하기도 한다. 실제로 우리는 갓난아이 때부터 주변의 외부적인 영향에 의하여 언어 능력을 갖게 된다.

일반적으로 어려서부터 책을 많이 읽거나 말을 많이 하고 자란 아이들은 표현 능력이 높아지는 데 반해, 책을 많이 읽지 않거나 소극적이고 내성적인 아이들은 말을 잘 못하는 경우가 많다. 결국 주변의 환경에 의하여 말의 습관이 형성되는 것이다. 따라서 성인이 되어서도 연습만 한다면 얼마든지 말을 잘할 수 있다.

영국 역사상 가장 위대한 인물로 추앙받았던 윈스턴 처칠(Winston Churchill)은 정치인으로 세계를 변화시켰지만, 그보다 더욱 유명한 것은 노벨문학상을 수상할 정도로 문학에도 조예가 깊었다는 것이고, 또 그보다 더욱 유명한 것은 명연설가였다는 것이다.

그런데 이러한 그의 화려한 조명 뒤에는 보이지 않은 처절한 노력이 있었다. 그는 왜소한 체구로 심한 열등의식과 매번 꼴지를 벗어나지 못했던 어린 시절을 보냈다. 그는 자신의 불행을 극복하기 위하여 매일 다섯 시간이 넘는 독서와 연구를 통해 자신만의 지식 세계를 만들어 갔으며, 자신의 인생은 물론 세계까지 변화시켰다.

사실 처칠은 두 달 일찍 태어난 조산아로서 지능 발달이 늦어 학교생활에 적응하지 못하는 어린 시절을 보냈다. 그의 아버지는 항상 처칠을 가문의 수치로 여겼고, 이는 어린 처칠에게 많은 상처를 주었다. 그의 아버지가 정신착란이 시작된 이후로는 처칠에게 더욱더 심한 폭언을 서슴지 않았다.

게다가 팔삭둥이로 태어난 처칠은 태어날 때부터 몹시 병약하여 어린 시절에는 거의 모든 병을 달고 다녔으며, 열한 살 때는 죽음의 문턱까지 다녀왔다. 결국 그는 숨을 거두는 순간까지 여러 가지 병마의 그림자에서 한순간도 벗어나지 못했다. 왜소한 체격은 평생을 살면서 그에게 크나큰 콤플렉스를 가져다주었다.

무엇보다 놀라운 것은 이 시대 가장 위대한 연설가로 인정받고 있는 그는 혀가 짧았으며, 몇몇 발음들을 발음하지 못했고 말더듬증도 갖고 있었다는 것이다. 또한 그는 학창 시절에 학업 성적이 거의 꼴찌였다. 성적이 나빠 대학 진학을 못 했으며 육군사관학교를 지원했지만 두 번이나 떨어졌다가 세 번째에야 겨우 합격하였다. 또한 그는 선거전에서 가장 많은 패배를 경험한 정치인으로 기록되어 있다.

그는 군에 입대하면서 체력 훈련에 몰두하여 신체적인 허약함을 이겨 내려 했으며, 학문에 대한 열등감은 하루 다섯 시간이 넘는 독서와 연구를 통해 자신만의 지식 체계를 이끌어 내면서 극복하려 했다. 그는 걸을 때마다 짧은 혀로 인하여 발음되지 않는 단어를 항상 연습했으며, 무대 공포증을 없애기 위해 스피치 기술을 끊임없이 연마했다. 즉석에서 말하는 것이 서툴렀던 그는 미리 원고를 써서 암기하였다.

또 그는 자신의 소심한 성격을 이기기 위해 전장에 참가해서는 가장 치열한 전투에 자진해서 몸을 던지기도 하였다. 이러한 삶의 자세로 그는 영국에서 두 번이나 수상을 지낸 정치가이자 웅변가로 명성을 날렸으며, 바쁜 정치 생활 속에서도 수많은 강연과 20여 권이나 되는 훌륭한 저서를 집필하여 노벨문학상을 수상했다. 그리하여 금세기 최초로 왕족 이외에 '국장'으로 장례를 치른, 지금까지도 '가장 위대한 영국인'으로 불린다.

그가 이처럼 불행했던 어린 시절을 극복하고 영국을 대표하는 대정치가가 되고 전 세계인들로부터 존경을 받을 수 있었던 것은 자신의 약점과 모자람을 극복하려고 끊임없이 노력한 결과이다.

💡 줌마 리더십의 성공 POINT

- 비언어적 의사소통 9가지 유형

1. 얼굴 표정
2. 제스처
3. 뜻이 없는 소리(감탄, 콧소리)
4. 자세
5. 거리(상대와의 의사소통 공간)
6. 시선
7. 접촉
8. 외모, 옷차림
9. 이미지

줌마가 세상을 바꾼다

✦
감성을 부르는 스피치

감성은 이성과 대립되는 말로 느낌을 받아들이는 성질을 말한다. 과거 우리나라의 전반적인 기업문화는 획일적이고 경직되어 있어 리더의 일방적인 방침에 따라 기업이 움직여 왔다.

최근 무한 경쟁의 시대에서 기업이 살아남기 위해 소비자와 사회의 욕구에 맞추기 위하여 경영에도 감성을 도입하여 많은 효과를 가져왔다. 점차 과거의 '독불장군식' 기업 경영에서 벗어나고 인간미 물씬 풍기는 '감성경영'이 부각되면서 새로운 기업문화로 자리 잡고 있다.

순전히 논리적으로만 보이는 주장을 하는 것은 흔히 하

는 실수이다. 특히 총명한 사람들일수록 이런 실수를 잘 범한다. 사람들은 감정적으로 말하더라도 논리적으로 추론하고 있다고 느끼기를 좋아한다. 따라서 논리에도 감정이 깃들어 있어야 하며, 상대편을 진정으로 움직이게 하는 것은 감정임을 이해해야 한다.

우리 모두가 감정에 의해 좌우되지만, 누구도 이 사실을 공개적으로 인정하는 것을 좋아하지는 않는다. 따라서 가장 감정적인 주장을 할 때마저도 노골적으로 감성적인 말만을 사용해서는 안 된다. 스피치를 들으면서 느끼는 청중들의 감정과 느낌 또는 즐거움, 흥분, 만족감 등은 스피커가 원하는 목표의 도달에 매우 중요한 역할을 수행한다.

감성 스피치는 청중들의 감성에 어울리는 혹은 그들의 감성이 좋아하는 자극이나 정보를 통해 호의적인 감정 반응을 일으키고 경험을 즐겁게 해 줌으로써 청중을 감동시키고자 하는 것을 목표로 한다. 그래서 말투나 행동과 같은 외부적 자극에서 한 걸음 더 나아가 청중의 감성 욕구에 부흥하자는 것이다. 그러려면 인간이 가진 다섯 가지 감각에 기초하여 정보를 받아들인다는 점을 핵심으로 감성적 측면을 자극할 수 있는 스피치 계획을 세워야 한다.

사람의 뇌는 생리적으로는 몸의 각 부위를 움직이게 하지만 정신적으로는 희로애락을 느끼고 생각하고 말하는 역할을 담당한다. 뇌는 크게 대뇌·소뇌·뇌간·간뇌로 구성되어 있다.

　좌뇌는 논리적 사고와 분석적 사고의 중추로서 언어와 셈을 하는 능력과 관련이 있다. 따라서 읽기·쓰기·말하기·셈하기와 같은 기본적인 학습은 좌뇌가 받아들이고, 음악·미술·무용처럼 감상적이고 상상력과 창의력이 필요한 학습은 우뇌가 받아들이게 된다.

　과거에는 분석력을 주관하는 좌뇌가 발달한 사람이 지능지수가 높은 것으로 생각했으며, 과거의 스피치는 주로 이론적이고 텍스트 위주가 주를 이루었다. 그러나 요즘에는 우뇌의 중요성이 높아짐에 따라 감정에 호소하는 스피치가 인기를 끌고 있다.

　우뇌의 감정을 자극하려면 이미지나 음악 또는 동영상 같은 자료를 활용하는 것이 좋다. 그러나 너무 우뇌를 강조하게 되면 이성적으로 생각하기보다는 감각적으로 판단하려고 하게 되어 올바른 판단을 하기 어려워진다는 단점이 있다. 따라서 좌뇌와 우뇌를 적절하게 자극하는 스피치가 좋다고 하겠다.

성공하는 스피치는
사전 준비가 필요하다

인생을 살면서 꼭 성사시켜야 하는 스피치가 있다. 예를 들면 꼭 입사하고 싶었던 회사의 면접이나, 마음에 드는 사람에게 하는 프러포즈, 자신의 인생을 결정하는 중요한 발표 등이다. 이렇게 반드시 성공시키려는 의지를 가지고 있다면 스피치를 위한 준비를 해야 한다. 준비되지 않은 스피치는 상황을 썰렁하게 하거나 상대방의 신뢰를 떨어뜨리게 되므로 실패하는 경우가 생긴다. 따라서 반드시 성공하기 위해서는 다음과 같이 스피치를 위한 준비를 해야 한다.

줌마가 세상을 바꾼다

내용을 완전히 숙지해야 한다

자기가 스피치를 해야 할 내용에 대하여 자기가 가장 많이 알고 있다는 자신감과, 실제로 그 정도의 지식을 가지고 있어야 한다. 그리고 스피치를 하기 전에는 다 알고 있는 것 같아도 막상 스피치를 하게 되면 당황하면서 모든 것을 잊어버리는 경우가 많다. 따라서 모든 내용을 완전히 소화할 뿐만 아니라 숙지해야 한다.

실전인 것처럼 연습하라

스피치가 진행되기 전에 충분한 예행연습을 하여야 한다. 아무리 연습을 해도 스피치를 하고 나면 자신의 능력을 충분히 발휘하지 못한 안타까움을 갖고 돌아서게 된다. 따라서 실제와 같은 상황에서 연습하여 스피치 당일, 실수 없이 실전에 임해야 한다. 아울러 예행연습 시에는 스피치의 강조점 등을 체크하여 체크 포인트로 활용하는 것이 좋다.

공포감을 극복해야 한다

청중 앞에서는 불안감을 없애지 않으면 아무리 좋은 자료를 준비했다 하더라도 별 소용이 없다. 거울을 보면서 자신이 있는 표정을 연습하고, 좋은 결과가 나올 것이라고 자기 최면을 걸어 보자. 단상에서 할 말을 잊어버릴지도 모른다는 막연한 불안감은 뇌에서 깨끗이 지워야 할 것이다.

자신감에 찬 스피치를 해야 한다

명연설가는 자신감에 찬 스피치를 한다. 자기 스피치 내용에 대한 확신을 갖고 그를 통해서 소정의 목적을 달성할 수 있다는 것을 굳게 믿는다면 어떤 스피치도 성공할 수 있다. 즉, 자신감 있는 스피치는 무엇보다 신념과 확신에 찬 언행으로 하는 것이 대단히 중요하다. 특히 도입 부분부터 신념에 찬 목소리로 청중을 압도할 수 있다면, 감동을 전달하는 스피치가 될 수 있다.

스피치는 여유 있는 마음으로 하라

스피치란 청중에 대한 서비스의 연속이다. 따라서 여유 있는 마음으로 천천히 스피치를 해야 전달하고자 하는 내용을 충분히 전달할 수 있다.

만약에 급한 마음으로 스피치를 하다 보면 여유를 잃고 쫓기게 됨은 물론, 말이 빨라져서 청중들이 이해하기 힘들어진다. 이는 스피치를 정해진 시간까지 끝내야 한다는 초조감 때문인 경우가 많다. 그런 경우에는 스피치 내용 중에서 상당한 부분을 버리고 중요한 것만 전달하겠다는 마음을 가져야 한다.

제한된 시간을 효과적으로 활용하는 기술을 익힌다

청중들이 집중해서 들을 수 있는 시간은 제한되어 있다. 배당 시간을 먼저 고려해야 하지만, 평균적으로 20분을 넘어서면 청중들은 슬슬 집중력이 떨어지기 시작한다. 개인차는 있지만 평균적으로 30분이 가까워 오면 집중력이 떨어지는데, 이 시점에서 흥미를 끌 만한 실례를 들거나 질문을 하여 집중력을 끌어올려야 한다. 최근 스피치에 활용되는 다양한 시청각 기자재를 사용하는 것도 좋은 방법이다.

또한 제한된 시간을 초과하거나 정해진 시간보다 늦게 시작해선 안 된다. 시간을 지키는 것도 신뢰감을 형성하는 중요한 요소이다.

일관된 흐름으로 간결하고 명확하게 전달한다

아무리 달변이라 해도 요점이 명확하지 않고 장황하게 늘어놓기만 한다면 상대를 설득하기 어렵다. 먼저 스피치의 목표를 명확하게 설정하고, 전달하고자 하는 핵심적인 사항을 일관된 논리로 간결하고 명확하게 전달해야 한다.

장시간 스피치를 들었을 때 청중이 기억하는 내용이 얼마나 있으리라 생각하는가? 반드시 기억해야 하는 가장 중요한 내용을 도입부와 종결부에 반복하여 인지시켜야 한다. 일관된 흐름을 갖고 요점을 명확하게 전달하는 것이 중요하다.

줌마가 세상을 바꾼다

철저한 준비를 해야 한다

유능한 스피커라면 전달하고자 하는 내용을 명확히 이해하고 내용에 대한 확신을 가져야 할 뿐 아니라 돌발 상황에 대처할 수 있는 임기응변 능력도 갖춰야 한다. 거기에 청중에게 감동을 주기 위해 적절한 시선 안배, 표정 연기와 음성, 세련된 손놀림과 유머 감각 그리고 위기 상황 대처 능력까지 갖춰야 한다. 그리고 리허설을 통해 연습하는 것도 하나의 방법이 될 수 있다.

설득해야 할 대상에 대하여 철저히 연구한다

스피치는 구체적인 대상이 정해져 있으며 대상을 설득해야 하는 작업이다. 누군가를 설득한다는 것은 결코 쉽지 않은 일이다. 확실한 논거를 바탕으로 이성적인 합의뿐 아니라 감정적인 호응도 이끌어 내야 하기 때문이다. 따라서 사전에 대상에 대한 정보를 가능한 한 많이 수집하라. 그리고 아주 작은 성향까지도 파악해서 결정권을 갖고 있는 대상에 맞는 스피치 스타일을 개발하라.

만약 결정권자가 이 분야에 정통한 전문가라면 철저한 지식으로 무장해야 함은 물론, 그가 생각하지 못한 뛰어난 무기를 갖고 있어야 한다. 만약 클라이언트의 스타일이 개성을 중시하는 자유로운 스타일이라면 두껍기만 한 기획서와 구태의연한 진행 방식은 버려라. 이때 중요한 것은 수집한 정보의 정확성이다. 잘못 파악했다가는 오히려 낭패를 보기 쉽다. 스피치는 쌍방향의 암묵적인 커뮤니케이션이라는 점을 명심해야 한다.

밝고 긍정적으로 스피치한다

청중들은 밝고 긍정적인 스피치를 좋아한다. 비전과 희망이 느껴지고, 의미 있게 들리기 때문이다. 반면에 소심하고 부정적인 스피치는 청중들의 호감을 얻기 어렵고 성공하기 힘들다. 부정적인 말은 자기 자신뿐만 아니라 주위에 있는 모든 사람에게까지도 실패와 위기의식을 불어넣은 위험한 스피치가 된다. 청중이 가장 듣기 좋은 음성은 밝은 음성이고, 가장 아름다운 모습은 밝은 표정이다.

상대의 공감을 얻는
소통법

줌마들은 사우나, 미용실 등 생활 속에서 수많은 사람들을 만나면서 처음 만나는 사람들과도 대화가 가능하다. 인간관계를 맺기 위해서는 개인의 첫인상도 중요하지만 대화법도 중요하다. 소통법이 좋으면 자신의 단점을 보완하고 좋은 인간관계를 맺어 준다. 그런데 대화하는 것이 습관화되지 않고 일방적인 말만 해 왔던 사람들은 오히려 만남과 만남에서 대화가 어색하게 되고 부정적인 인간관계를 맺는 경우가 많다.

남과 대화를 할 때는 기본적인 태도를 가지고 해야 한다. 기본적인 태도를 가지고 대화를 하면 그 자체가 화자

의 마음을 정화하고 그에 따른 대화도 나오게 만들어 준
다. 더욱이 대화를 잘하기 위해서는 나름대로의 노하우가
필요하다. 대화의 노하우는 많은 경험을 바탕으로 얻어지
는 것이지만, 올바른 대화 요령을 깨우친다면 원하는 목적
을 달성하는 스피치를 할 수 있다. 그럼 올바른 대화를 하
는 요령을 살펴보자.

상대방을 한 인간으로 존중한다

상대방을 인간적으로 존중하면 상대방에 대한 감정·사
고·행동을 평가하거나 비판·판단하지 않고 있는 그대로
받아들이는 자세를 가지게 된다. 또한 상대방이 화자의 마
음을 이해하고 본인도 상대방을 존중하는 마음을 갖게 될
수 있다.

상대방을 성실한 마음으로 대한다

상대방과의 관계에서 성실한 마음으로 대한다. 이러한

204   줌마가 세상을 바꾼다

성실함은 상대방에게 자연스럽게 전달되어, 이를 바탕으로 상대방도 성실한 마음으로 대화에 참여하게 되면서 상대방과 솔직한 의사 및 감정의 교류가 가능해진다.

상대방을 공감적으로 이해하려고 노력한다

우리는 가끔 대화할 때 상대방에 대하여 무조건 이해하는 듯 "다 이해해."라는 말을 자주한다. 그러나 상대방을 이해하기 위해서는 상대방이 가진 생각이나 느낌, 가치, 도덕관 등을 모두 이해해야 한다. 상대방을 다 이해하지 못하고는 상대방과 공감대를 형성하기 어렵다. 그러나 상대방의 입장이 되어 깊고 주관적으로 이해하면서도, 결코 자기 본연의 자세를 버리지 않는 것이 공감이다. 상대방의 감정을 이해하고 있음이 상대방에게 전달될 때, 상대방은 자신이 이해받고 있다는 느낌을 가져 더욱 마음을 열 것이다.

요청과 거절에도
매너가 필요하다

대화를 하게 되면 상대방에게 자신이 필요로 하는 것을 요청하거나, 혹은 상대방의 요구를 거절하는 경우가 생기게 마련이다.

요청과 거절은 상대방이 절친한 사이라면 크게 문제되진 않지만, 처음 만나는 사람이나 거래처, 연인 사이에서는 상대방의 마음을 아프게 해 자칫 마음의 문을 닫게 할 수 있다.

따라서 상대방에게 자신이 필요로 하는 것을 요청하거나, 상대방의 요구를 거절할 때에는 다음과 같은 요령이 필요하다.

줌마가 세상을 바꾼다

요청하기

상대방에게 요청을 하면, 상대방은 마음의 문을 닫고 긴장하며 듣게 된다. 때로는 어떻게 하면 거절할 것인가를 생각하고 있을 수 있다. 따라서 언제든 거절될 수 있다는 생각으로 상대방이 기분 나쁘지 않도록 주의를 기울여 대화해야 한다.

- 원하는 것에 대해서 명확히 그리고 구체적으로 표현한다.
- 언제든 상대방이 거절할 수 있다는 것을 명심하고 그 거절을 받아들일 준비가 되어 있어야 하며, 만일 요청이 거절되면 그 대안을 준비한다.
- 상대방에게 부담을 주는 직접화법보다 간접화법을 쓰는 것이 부드럽다.
- 상대방의 대답에 대한 나의 감정, 감사, 실망, 수용 의사를 기분 나쁘지 않도록 정중하게 표현한다.
- 요청이 이루어지면 진심으로 고마움을 표현해야 한다.
- 상대방이 거절한다고 해서 그 사안만을 거부하는 것이지 당신을 전체로 거부하는 것은 아니니 실망에 빠져

서 대화를 단절해서는 안 된다. 부탁을 들어주지 않은 경우, 상대방은 내심 미안한 마음이 있으므로 다음번의 부탁은 들어줄 가능성이 크다. 따라서 한 번 거절한 사람에게 다음 기회에 다시 요청하면 성사될 가능성이 있다.

- 상대방이 거절하였다고 완전히 대화를 단절하지 말고 솔직한 마음을 표현하고 다음 기회를 기약한다. 만약 대화를 단절해 버리면 다음의 기회마저 없애는 결과를 만든다.

거절하기

살다 보면 상대방의 요청에 대하여 거절해야 할 때가 분명히 있다. 그러나 거절을 잘못하게 되면 상대방이 마음의 문을 닫을 뿐만 아니라 영원히 적이 될 수도 있다. 따라서 거절을 할 때도 상대방의 마음을 다치지 않도록 주의하면서 대화를 해야 한다.

- 도움을 요청하는 질문에는 거부 의사를 확실히 밝혀 오

해나 미련의 소지를 주지 않는다. 만약 거부 의사를 밝히기 어려울 때는 생각할 시간을 달라고 해서 시간을 갖고 생각해 본다.

- 거절의 의사 표현은 진지하고 솔직하게 하려고 노력한다.
- 거절의 의사 표현은 간단명료하게, 많은 변명은 필요 없다.
- 거절의 의사 표현을 할 때 "미안하다"는 말은 꼭 그렇게 느낄 때만 쓴다.
- 상대가 당신의 말을 받아들이지 않을 때는 침묵을 하거나 대화를 끝낼 권리가 있다.
- 일단 거절의 의사 표현을 했어도, 당신 맘은 바꿀 수 있다.
- 거절의 의사 표현은 조용한 목소리와 몸짓으로 말해서 상대방을 아프지 않게 한다.
- 거절의 의사 표현은 대안을 제시할 수도 있다.

칭찬은
불가능도 가능하게 한다

『칭찬은 고래도 춤추게 한다』라는 책이 베스트셀러에 오른 적이 있다. 조련사가 돌고래에게 칭찬을 했더니 춤도 추더라는 내용이었다.

어느 초등학교 선생님이 재미있는 과제를 냈다. 똑같은 꽃나무를 화분 두 개에 나눠 심은 다음, 각각 이름을 지어 주라고 했다. 다만 한쪽은 예쁜 이름을 지어 주고 다른 한쪽은 안 예쁜 이름을 지어 준 뒤, 물을 줄 때마다 그 이름을 불러 주는 것이 전부였다.

아이들은 이 재미있는 과제를 수행하면서 무척 흥미 있는 깨달음을 얻게 되었다. 똑같이 물을 주는데도 "예쁜아,

줌마가 세상을 바꾼다

예쁜아" 하고 사랑스럽게 불러 주며 기른 꽃나무는 보기에도 윤이 나고 튼튼하게 자랐다. 그런데 "바보야, 바보야" 하면서 기른 꽃나무는 눈에 띄게 초라해졌다. 이처럼 동식물에게도 칭찬의 힘은 크다.

사람에게는 더 말할 것이 없다. 칭찬 한마디가 상대방 마음의 문을 열게 하고 나에 대한 호감을 갖게 하는 데 중요한 역할을 한다. 칭찬은 상대방에 대한 호감의 표현이다. 그러나 칭찬을 잘못하면 오히려 분위기가 이상해지고 서먹서먹한 관계로 가기 십상이다. 따라서 칭찬은 적절한 시기와 기회에 맞도록 해야 한다.

- 칭찬을 받아들이는 것은 상대방의 호의에 대한 감사의 표시가 된다.
- 칭찬에 대해 품위 있게 간단한 감사 표현과 함께 받아들임으로써 상대방이 다음에도 칭찬을 하기가 용이하게 만들어야 한다.
- 칭찬이 진실이라는 것을 알도록 칭찬은 구체적으로 한다.
- 칭찬할 때 솔직하고 진지하게, 그리고 간결하게 한다.
- 칭찬을 자주 주고받는 것을 즐기자. 칭찬은 많이 할수록 잘할 수 있다.

스피치에 대한
공포를 넘어서라

우리나라 사람들은 여러 사람 앞에서 하는 스피치가 생활화되어 있지 않기 때문에 스피치를 앞두게 되면 보편적으로 심한 스트레스를 느낀다. 일대일의 관계에서는 대화를 잘하는 사람도 대중 앞에서는 말을 더듬는 경우가 많다. 실제로 통계 자료를 보면, 우리나라 직장인 열 명 가운데 아홉은 업무와 관련한 각종 발표 때문에 심한 스트레스와 심적 부담을 느낀다고 한다.

요즘은 입사 때부터 발표 능력을 갖춘 창조적 인재상을 요구하고 있으며, 기업 환경이 점점 '커뮤니케이션'을 중시하는 문화로 바뀌어 가면서 집단 토론, 브리핑, 스피치,

제안, 기획 회의, 고객 상담 등이 늘어 가고 있다.

제아무리 빛나는 생각과 톡톡 튀는 아이템을 가지고 있다고 할지라도, 이를 고객이나 직장 상사 앞에서 효과적으로 표현해 내지 못한다면 성공적인 목표를 달성할 수 없다. 따라서 스피치 능력은 자신의 미래를 발전시키는 중요한 결정 요인이며 나아가 회사를 발전시킬 수 있는 원동력이 된다.

사람은 누구나 스피치를 할 때 긴장하고 떨린다

누구든지 처음 스피치를 하게 되면 여러 사람 앞에 선다는 생각만으로도 긴장을 하고 실제로 강단에 서서는 사시나무 떨듯이 떠는 경우가 많다. 그러다 보니 몸이 떨려 목소리까지 떨리게 되고, 결국 혀가 뒤엉켜서 말까지 더듬게 된다. 그렇게 되면 아무리 많은 것을 안다 해도 제대로 전달하기는커녕 말 한마디 제대로 하지 못하고 강단을 내려오는 경우가 있다.

스피치를 자주 하는 분들도 대상에 따라 떨려서 제대로 스피치를 하지 못하는 경우가 있다. 이러한 이유는 청중들이 자신보다 높은 지위를 가졌거나 전문가라고 생각해서 자신감이 없어지고, 초조함에 온갖 신경을 쏟다 보니 스피치 내용이 생각나지 않아 말이 헛 나오며 스피치 내용은 더욱 뒤죽박죽되기도 하고 두서가 없어지기도 한다.

스피치를 하기 전 떨리는 이유

많은 사람들은 청중 앞에 서면 여러 가지 정신적 · 신체적인 변화를 겪는다. 그런데 스피치에 대한 공포 증세는 스피커가 자신 없어 하는 것을 청중들이 알게 되어 신뢰감이 없어 보이기 쉽다.

떠는 현상은 사람에 따라 입술을 떠는 사람이 있기도 하고, 손이나 다리가 떨리는 사람이 있기도 하고, 온몸을 유난스레 떠는 사람도 있다. 떨림 현상은 목소리까지 떨리게 하여 듣기가 거북해진다.

떨리는 이유에는 여러 가지가 있다. 정서가 불안정하여 어쩔 줄 몰라 떨리기도 하고, 자신감이 없어서 미래에 닥쳐올 실패에 대하여 미리 겁이 나서 두려워 떨리기도 하다. 흥분이나 기대가 지나치면 심장 박동 수를 높이며 가슴에 통증이 오게 하고 시선을 한곳에 머무르지 못하게 한다. 떨림의 이유를 원인별로 나누어 보면 다음과 같다.

떨림과 공포에 대한 실체를 알면 공포는 사라진다

사람은 누구나 사람들 앞에 서면 정도의 차이는 있지만 떨리고 흥분한다. 두려움이 생기면 상황을 피하려고 하는데, 이를 회피반응이라고 한다. 그러나 어쩔 수 없이 상황에 부딪혀야 하는 경우에는 상황이 발생하기 전부터 미리 불안을 느끼는데, 이를 예기불안이라고 한다. 피할 수 없는 정도가 클수록 일상생활에 장애를 가져오고 극심한 불안 반응이 일어나게 된다.

그러나 어떠한 불안도 막상 일을 해결하고 보면 의외로 별것 아닌 일로 끝나는 경우가 많아서 허탈감이 생기기도 한다. 이는 우리가 공포나 불안을 느끼는 데 충실했지, 공포나 불안을 해결하기 위한 방법을 생각하지 않았기 때문이다.

결국 공포는 무지와 불안의 산물이기 때문에 차분히 준비한다면 공포도 사라지게 된다.

스피치 도중 말문이 막히는 경우

아무리 스피치에 숙련된 사람이라도 스피치 도중 말문이
막히는 경우가 있다. 이때는 잠시 동안 아무것도 기억할
수 없고, 상응하는 대목을 원고에서 쉽사리 찾지 못하기도
한다. 이런 상황에서는 당황한 나머지 스피치를 망치게 되
는 경우가 있다.

이럴 때일수록 침착해야 하는데, 말문이 막히는 것을 피
하기 위한 최상의 방법은 원고를 일목요연하게 구성하고
완벽하게 본인의 것으로 소화하는 것이다. 그러나 잘 준비
하였는데도 말문이 막힐 때는 다음과 같은 요령으로 위기
를 모면할 수 있다.

- 스피치 내용을 생각하는 동안 지금까지의 스피치 내용
  을 다시 한 번 요약해 준다.
- 창문을 열게 한다든가, 잠깐 동안 기지개를 켤 수 있는
  시간을 준다.
- 청중이 메모할 수 있도록 1~2분가량 시간을 준다.
- 스피치와 관련된 내용에 대하여 질문한다.
- 아무 내색도 하지 않고 다음 항목으로 넘어간다.

줌마가 세상을 바꾼다

- 가장 쉽게 할 수 있는 자신의 체험을 자연스럽게 이야기하면서 주제를 다시 떠올린다.
- 완전히 생각이 나지 않아서 오랫동안 당황하게 되면 솔직히 청중하게 사과하는 것이 오히려 정직성을 살리는 것이다.

사람 앞에 서서 이야기를 시작할 때 무슨 말부터 해야 할지 몰라 고민하는 사람이 많다. 자신이 알고 있는 지식을 어떻게든 많이 알려야 한다고 생각하거나, 자신의 위신과 체면에 맞게 품위 있는 말을 해야 한다는 강박관념 때문에 말하는 것이 어렵게 느껴지는 것이다.

그러나 말을 하기 위해서는 사실적인 얘기와 말하는 이의 느낌을 자연스럽게 표현하는 능력이 가장 중요하다. 경험에서 우러나온 솔직한 이야기를 중심으로 편안하게 말해야 한다. 말 잘하는 사람은 평범한 이야기 속에 핵심을 담아 청중의 마음을 움직이게 한다.

말 잘하는 사람의
특급 비법

사람들은 예를 들어가며 진심으로 하는 말을 기억한다. 평소에 충분한 자료 수집이 필요하며, 전문 분야나 관심 분야에 대한 집중적인 투자가 중요하다.

소재는 자기 생활에서 찾아라

링컨 대통령은 "예화 없이 20분간 연설하는 것이 예화를 사용하면서 1시간 동안 연설하는 것보다 훨씬 지루하다."고 했다. 장황한 전개나 지루한 미사여구는 청중의 관심과

줌마가 세상을 바꾼다

집중을 받을 수 없다.

말은 간결하게

현대인들은 복잡하고 길게 말하는 것을 싫어하고, 간결한 말을 좋아한다. 그러므로 짧으면서도 꽂히는 말을 해야 한다. 간결하고 스피디하되 상대가 이해할 정도의 속도여야 한다. 간결함은 대화의 생명이다. 내용이 복잡한 경우에도 가능한 한 이야기의 요점을 압축하고 간결화하여 이해하기 쉽게 말해야 한다.

온몸으로 말하라

열정은 상대방을 감동시키지만, 형식적이고 가식적인 스피치는 더 이상 통하지 않는다. 도산 안창호 선생은 명연설가였다고 하는데, 연설이 끝나면 온몸이 땀으로 뒤범벅이 될 정도로 열정을 다해 임했다고 한다.

실패하는 스피치는 청중의 반응을 감지하지 못하고 일방

적으로 자기가 준비한 시나리오대로 눈도 마주치지 못한 채 읽어 내려가는 것이다. 청중이 지루해하면 마무리로 들어가든지 주제와 다소 거리가 있더라도 흥미를 줄 수 있는 이야기로 전환해야 한다.

테마 하나마다 5분 이내로 하라

하나의 테마로 시간을 오래 끌면 청중들은 바로 귀를 닫는다. 사전에 구성이나 내용에 있어서 흥미로운 전개가 반드시 필요하다. 스피치는 내용이 충분하다면 말솜씨는 문제가 아니다. 대중 스피치를 잘하고자 한다면 좋은 내용을 준비하는 데 전력을 다해야 한다. 말은 모름지기 꾸밈없고 자연스럽게 진심을 담아 친구에게 하듯 말해야 한다.

솔직하고 자연스럽게 표현하라

청중 앞에서 자연스럽게 말하는 것이 좋다는 것은 알고 있는데도 막상 해 보면 여간 어려운 것이 아니다. 특히 나

줌마가 세상을 바꾼다

이가 들어 갈수록 생각이 유연하지 않고 허세를 부리게 되어, 부자연스러워지기 쉽다. 그것이 바로 자기를 너무 의식하는 데서 오는 현상이다. 그러므로 다른 사람 앞에서 체면이나 가식을 벗어 버려야 말이 딱딱해지지 않고 자연스러워진다.

'음성도 좋고, 발음도 좋고, 내용도 좋고, 표현도 잘해야하고….'라는 생각으로 마음의 부담이 생길 때 억양도 이상해지고, 말하는 법도 자연스러워지지 않고 엉망이 되어 버리는 것이다.

스피치를 말하듯 연출하는 법이 있다. 이것은 청중과 이야기하듯 질문을 던지고 답변해 나가는 방법을 말한다. 이야기할 때 가장 말을 잘하는 법이란, 그야말로 자연스러움 그 자체이다.

🔆 줌마 리더십의 성공 POINT

나의 이야기가 아무리 강력한 설득의 내용이라 해도 말하는 법, 말하는 태도에 힘도 없고 성실함이 없다면 아무런 효과가 없다. 스피치에는 진정성에서 나오는 울림이 있어야 설득력이 있다.

———— ✦ ————

인간관계에 있어 우리 사회는 아직 수평적이라기보다는 수직적이라고 생각한다. 따라서 사회생활에 어려움을 느끼고 힘겨워하는 사람들을 많이 만나게 된다. 그런데 어느 날 문득 어디에서나 누구하고나 금방 친구가 되는 줌마들을 재조명하게 되었다.

줌마, 그녀들은 웬만한 남자도 하기 힘든 일을 남자보다 월등하고 즐겁게 성취한다. 가정과 일, 무엇 하나 놓치지 않고 훌륭하게 성취하는 그녀들의 당당한 모습들! 그러한 모습을 보고 그들만의 생각과 행동을 배우고 싶었다. 여성이 가진 장점도 살리고 남자들과의 관계에서도 불편하지 않게 하면서 더 화통하고 부드럽게 분위기를 주도해 나가는 처세의 기술도 알 수 있었다.

군이 남성과 여성을 구별하지 않아도 사람으로서의 멋진 모습을 보면서, 한국 여성의 특유의 강한 모성애도 한몫했으리라는 생각이 들었다. 이 책을 통하여 '내 주변의 모든 줌마들이여, 항상 행복하게 당당해지라'고 응원하고 싶다.

참고 문헌

→ 강혜련 (2005). 여성과 조직 리더십. 서울: 학지사.

→ 김남현 (2009). 리더십. 서울: 경문사.

→ 김민경 (2012). 뷰티스타일링퍼스널 이미지. 석사학위논문. 숙명대학교 대학원.

→ 김숙경 (2007). 여성리더의 리더십 유형과 조직구성원의 직무만족간의 상관성 연구. 석사학위논문. 연세대학교.

→ 김주엽, 이길환 (2003). 여성적 리더십에 대한 이론적 소고. 충북대학교 산업경영연구소, 15(2), 131-153.

→ 김혜숙, 윤소연 (2009). 여성리더의 특성과 효율성: 조직의 성차별 문화의 영향. 한국심리학회지: 사회 및 성격, 23(1), 33-53.

→ 남인숙 (2005). 변화하는 사회와 여성 리더십. 대한정치학회보, 13(2), 495-512.

→ 박정희 (2008). 여성리더십에 관한 문헌 검증 연구. 석사학

위논문. 국방대학교.

→ 박통희 (2004). 편견의 문화와 여성 리더십. 서울 :대영문화사

→ 박희라 역 (2002). 성공하는 여성들의 파워리더십. 서울: 시아출판사

→ 백기복 (2005). 리더십 리뷰. 서울: 창민사

→ 서종희 (2003). 여성 리더십의 유효성에 대한 고찰 . 석사학위 논문, 고려대학교 경영대학원

→ 성미석 (2000). 여성적 가치의 리더십에 관한 탐색적 연구. 석사학위 논문, 이화여자대학교 대학원

→ 신응섭 외 (2002). 리더십의 이론과 실제. 서울: 학지사

→ 양참삼 (1999). 조직행동의 이해 2판. 서울: 법문사

→ 유해림 (2004). 한국여성 리더십에 관한 실증 연구. 석사학위 논문, 연세대학교 행정대학원

→ 용혜원 「마음이 아름다운 사람은」 중에서

→ 조성종 (2002). 서비스 지향적 리더십과 인간관계. 서울: 두남

→ 최정순 (2004). 여성 영업관리자 리더십 유형이 리더십 효과에 미치는 영향에 관한 연구. 석사학위 논문, 국민대학교 정치대학원

→ 〈HIDOC〉「정신이 건강해야 삶이 행복합니다」 중에서

→ dale carnegie의(카네기 인간관계론)

→ 김경호 : 참 좋은 이미지

→ 조슈아 웡 : 언프리 스피치

→ 이명희 : 나를 브랜딩하는 스피치 기술

→ 네이버, 다음 검색 인용

→ 정문기 블로그 : 여자에 관한 명언 모음

→ The Economist, Glass ceiling index 2017

→ The Economist(2017), 〈The best and worst places to be a working woman〉

→ McKinsey & Company(2012), 〈Women Matter: An Asian Perspective. Harnessing female talent to raise corporate performance〉

→ ILO(2015), 〈Women in Business and Management: Gaining

momentum〉

→ OECD, Gender Equality : Gender wage gap(Data)

→ e-나라지표, 정부위원회 여성참여율

→ 「양성평등기본법」

→ 한국여성정책연구원, 성인지통계 시스템